AMOR, ACEITAÇÃO E PERDÃO

Cook, Jerry
　　Amor, Aceitação e Perdão / Jerry Cook com Stanley C. Baldwin; [tradução de Catia Baker]. Curitiba, PR : Editora Atos, 2019.
　　14 cm x 21 cm – 136 p.
　　Título original: *Love, acceptance & forgiveness*
　　ISBN: 978-85-7607-180-8
　　1. Vida cristã　　2. Experiência religiosa　　I. Título.
　　　　　　　　　　　　　　　　　　　　　　　　CDD: 248

Copyright© by Jerry Cook
Publicado originalmente por Bethany House Publishers
11400 Hampshire Avenue South
Bloomington, Minnesota 55438
www.bethanyhouse.com

Copyright©2019 por Editora Atos
Todos os direitos reservados

Coordenação editorial
Manoel Menezes

Capa
Leandro Schuques

Primeira edição em português
2019

Nenhuma parte deste livro pode ser reproduzida, arquivada ou transmitida por qualquer meio – eletrônico, mecânico, fotocópias, etc. – sem a devida permissão dos editores, podendo ser usada apenas para citações breves.

Os textos bíblicos mencionados neste livro são da versão
Almeida Clássica Corrigida.

Publicado com a devida autorização e com todos os direitos
reservados pela EDITORA ATOS LTDA.

www.editoraatos.com.br

Dedicado às amáveis, pacientes e aventureiras pessoas que verdadeiramente escreveram estas páginas – meus irmãos e irmãs, membros da Igreja East Hill.

Prefácio

A natureza da igreja de Cristo no planeta é de um enorme interesse para mim não apenas porque eu sou um pastor, mas porque eu também sou parte da igreja. Estou no processo de pastorear minha primeira igreja. Este processo tem se estendido pelos últimos 14 anos, e se estenderá consideravelmente mais. Eu e minha esposa queríamos um lugar para investir nossas vidas; o Senhor nos deu o suficiente para muitas gerações.

Eu vim diretamente do seminário, e minha esposa de ensinar uma igrejinha de 23 pessoas. Fomos equipados para responder todas as perguntas e, supostamente, forjá-los em novas correntes de mentalidade cristã. Descobrimos que realmente não sabíamos nada sobre nossas tarefas. Eu ainda não me familiarizei com a natureza da verdadeira igreja de Cristo.

Fomos impulsionados por nossa congregação a lidar com as implicações de sermos verdadeiramente cristãos num mundo não cristão e, às vezes anticristão.

Essa aventura nos conduziu a vidas e casas de todo tipo de gente. Começamos a sentir a emoção da vida de Jesus efetivamente invadindo e confrontando cada área do ser humano ferido. Desde a confusão da cultura de droga à violência das ruas, e gangues de moto, aos escritórios sofisticados de padrão executivo, e tudo o que você possa imaginar, nós vimos na igreja.

De repente, o divórcio não era meramente um workshop teológico, mas a pessoa de coração partido e desiludida sentada à minha frente na mesa. Drogas não eram apenas um mal social, mas um olhar distante e atormentado que torna um adolescente de uma hora para outra, uma pessoa idosa.

Começamos a entender que a igreja se tratava de pessoas – pessoas de verdade – transformadas pelo poder de Cristo, cheias do Espírito de Cristo, tocando o ferido, moribundo e cínico homem moderno com a vida do próprio Jesus. "A igreja que é o Seu corpo, a plenitude Dele..."

Este livro apresenta alguns dos pontos de vista e perspectivas que aprendemos juntos como um grupo de pessoas sérias sobre o que é verdadeiramente ser o Seu Corpo. Foi escrito para a igreja – pastores, donas de casa, motoristas de táxi, executivos, colarinhos brancos, ou sem colarinhos. Trata-se de um sincero esforço de compartilhar com você a pura emoção que existe em ser "a igreja".

Encontrei no Stan Baldwin um sensível e perceptivo escritor. Suas perguntas, observações e equilíbrio deram a este livro o que eu sozinho jamais esperaria alcançar. Ele passou por horas de gravações e pilhas de materiais e compilou coisas que eu verdadeiramente acredito.

Se nesta leitura você for impulsionado a perguntar, avaliar, ou até mesmo mudar sua maneira de pensar, que assim seja. O que eu desejo é que todos nós que carregamos o nome de cristão, estejamos efetivamente vivendo as implicações deste nome. É hora de levar a igreja ao mundo e então cumprir o "princípio Emanuel" – Deus conosco.

Jerry Cook

Sumário

Prefácio _____ 5

Sumário _____ 7

Capítulo Um
   O Lugar onde as Pessoas se tornam Inteiras _____ 9

Capítulo Dois
   A Necessidade de uma Filosofia de Liderança _____ 25

Capítulo Três
   A Igreja como uma Força _____ 37

Capítulo Quatro
   Pessoas Equipadas para Servir _____ 59

Capítulo Cinco
   Liberado para Ministrar _____ 71

Capítulo Seis
   As Famílias da Força _____ 85

Capítulo Sete
   Lidando com as Dificuldades _____ 103

Capítulo Oito
   A Igreja como Serva _____ 121

Capítulo Um

O Lugar onde as Pessoas se tornam Inteiras

Um pastor de nossa cidade que eu conhecia de vista se envolveu num adultério. Como resultado, seu casamento foi para as cucuias e seu ministério foi destruído. Como ele era um forte líder cristão em nossa região, a queda deste irmão veio com um estrondo retumbante. A igreja dele se dividiu em doze fragmentos e as pessoas feridas e confusas foram espalhadas por toda a cidade.

Um ano e meio depois que tudo aconteceu, eu recebi um telefonema às 7h30 da manhã de um domingo. Era esse antigo pastor. Ele disse: "Você se importaria se eu e minha esposa fôssemos à igreja nesta manhã?"

Eu disse: "Para que você teria que ligar para fazer esta pergunta? Claro que não me importaria."

"Bom", ele disse, "você sabe que esta é a minha segunda esposa e eu estou divorciado da primeira. Você sabe disto?"

Eu disse: "Claro, eu sei disso".

"Bom", ele disse, "tenho que lhe dizer, Jerry, tenho procurado há oito meses, encontrar um lugar para adorar. A última vez que tentei foi um mês atrás. Naquela manhã, do púlpito, nos pediram para sair. Fomos recepcionados na porta de outras igrejas por pastores que ouviram que eu e minha esposa estávamos chegando. Eles nos pediram para não entrarmos, disseram que causaríamos muitos problemas. Outros ainda, ouviram que poderíamos aparecer e nos ligaram com antecedência para nos pedir o favor de não comparecermos."

Ele disse: "Francamente, eu penso que não aguentaríamos isso novamente, se fôssemos vir e ser um constrangimento para você e então, convidados a sair. Eu simplesmente não sei o que aconteceria; minha esposa está muito perto de ter um colapso nervoso". Nesta hora ele estava chorando. "Eu sei que você tem telão para superlotação", ele disse. "Se você quiser, pode nos colocar numa sala onde ninguém nos veja e nos deixar assistir o culto".

Eu disse: "Ouça, esteja lá e eu vou te recepcionar na porta".

Ele veio com sua esposa e seu bebê. Eles chegaram tarde e se sentaram no fundo.

E para completar, muitas pessoas que foram feridas pela queda dele eram agora, parte de nossa congregação. Entretanto, nós estendemos a comunhão àquele homem e o Senhor fez a limpeza e a cura. Derramamos muitas lágrimas juntos. Eu nunca esquecerei como ele me agarrou e enterrou sua cabeça em meu ombro, um homem 15 a 20 anos mais velho que eu. Ele chorava como um bebê e me segurava como um homem se afogando. Ele dizia: "Jerry, você pode me amar? Eu gastei minha vida amando pessoas, mas preciso que alguém me ame agora."

Nas semanas e meses seguintes, ele se encontrou com nossos anciãos regularmente e clamou por sua reconciliação com Deus por meio de um intenso e às vezes, violento arrependimento. Se em toda a minha vida eu vi uma tristeza de Deus pelo pecado, eu vi naquele homem. Ele literalmente caia no chão diante de nossos anciãos, agarrava nos pés deles e implorava-lhes: "Irmãos, vocês podem me perdoar?"

Deus curou aquele homem e lhe restaurou por completo. Hoje, ele está de volta no ministério.

Eu digo para você, aquele irmão foi restaurado somente porque Deus nos capacitou para o amar, aceitar e lhe perdoar. Amor, aceitação e perdão – estas três coisas são absolutamente essenciais para qualquer ministério que consistentemente levará as pessoas para a maturidade e inteireza. Se a igreja quiser ser a força para Deus no mundo que ela foi projetada para ser, ela terá que aprender a amar as pessoas, aceitá-las e perdoá-las.

A igreja está no mundo para ministrar salvação às pessoas. A palavra *salvação* em seu sentido mais amplo significa trazer à inteireza. Ela é intercambiável com a palavra *cura*. Nós lemos, "e a oração da fé salvará o doente" – Tg 5.15. A mesma palavra no Grego descrita aqui como *salvará* é traduzida em outras passagens como *curará*. (A NVI diz "curará o doente").

Sendo assim, dentro do ambiente da igreja reunida, as pessoas precisam ser salvas, curadas, trazidas à inteireza em todas as áreas de suas vidas. Mas antes que haja uma inteireza, certas garantias devem ser dadas às pessoas. De outra forma elas não se arriscarão a se abrirem conosco o suficiente para receberem cura.

A garantia mínima que devemos dar às pessoas é que elas serão amadas – sempre, sob qualquer circunstância, sem exceção. A segunda garantia é que elas serão totalmente aceitas, sem reservas. A terceira coisa que devemos garantir é que não importa o quão miseravelmente caíram ou quão descaradamente pecaram, o perdão sem reservas, será delas ao pedirem, sem deixar um gosto amargo na boca de ninguém.

Se as pessoas não tiverem estas três garantias, elas nunca nos darão o maravilhoso privilégio de lhes trazer inteireza através da comunhão da igreja.

Ame Uns aos Outros

"Sabemos que já passamos da morte para a vida, porque amamos os irmãos. Quem não ama seu irmão permanece na morte." 1 Jo 3.14. De acordo com esta Escritura, a evidência que nós somos filhos de Deus é o nosso amor pelos outros irmãos. Se faltar o amor, nós "permanecemos na morte." Não somos os filhos e filhas de Deus, independentemente da experiência que testemunhamos no passado. Isto é tanto assustador como libertador. Eu sei que eu passei da morte para a vida. Como eu sei disso? Bom, houve aquele dia em que eu dobrei os meus joelhos... Não, isso não é o suficiente. Eu sei que sou um filho de Deus porque eu amo.

Isto não é uma declaração teológica ou filosófica. Eu realmente amo os irmãos, e esta é a evidência do Espírito de Deus vivendo em mim. Veja, no natural, eu não amo ninguém. Minha história pessoal é de exploração e manipulação de pessoas. Mas agora eu as amo. Por isso, eu sei que sou um filho de Deus; minha experiência diária ratifica isso.

Hoje a igreja de Jesus Cristo precisa assumir um corajoso compromisso de amar as pessoas e depois se dedicar a cumprir esse compromisso. Todo o nosso estilo de vida deve dizer às pessoas: "Se você vier aqui, nós iremos te amar. Não importa quem você seja, o que você tenha feito, nem a sua aparência, cheiro ou comportamento, nós iremos te amar."

Temos que lembrar que a palavra para amor aqui é *ágape*. O Amor *Ágape* primeiro existe, depois ele afeta as emoções. Pois Deus amou o mundo que se sentou no céu e teve fortes emoções? Não, isso não faz sentido. Deus amou o mundo que deu. É isso! *Ágape* é um compromisso volitivo com o próximo que nos motiva a agir em seu favor. Todas as vezes que você encontra uma ação correspondente ao conceito de ágape, trata-se de uma ação de dar.

Além disso, ágape envolve o tipo de doação que não pode ser recompensada. Este conceito de amor é muito estranho à nossa cultura. A mentalidade deste mundo nos leva a amar e dar somente quando há motivos para crer que nosso amor será recíproco. Esta reciprocidade é testada cuidadosamente durante o tempo "em que estamos nos conhecendo". Se as coisas parecerem promissoras, se nossa aproximação encontrar aceitação e resposta, nos arriscaremos um pouquinho mais, e uma amizade será estabelecida.

No Reino de Deus, primeiro amamos, depois nos movemos ao conhecimento. Neste mundo, primeiro nos conhecemos, depois nos movemos a amar, em alguns casos. Como resultado, muitas pessoas têm muitos conhecidos e poucos amigos, mas estão morrendo por falta de amor.

Amor é compromisso e opera independentemente do que sentimos ou não sentimos. Nós precisamos estender este amor a todos que chegam em nossa igreja: "Irmão, eu quero que saiba que eu tenho um compromisso com você. Você nunca sofrerá propositalmente por minhas mãos. Eu nunca direi ou farei qualquer coisa, propositalmente, para te machucar. Em todas as circunstâncias, eu buscarei te ajudar e te dar suporte. Se você estiver abatido, e eu puder te levantar, assim o farei. Qualquer coisa que eu tenha, e você precise, eu compartilharei com você; e se necessário, eu darei a você. Independentemente do que eu descobrir a teu respeito e do que acontecer no futuro, seja bom ou mal, meu compromisso com você nunca mudará. E não há nada que você possa fazer a respeito. Você não precisa responder. Eu amo você, e é isso que importa."

Uma igreja que pode fazer esse compromisso com todas as pessoas é uma igreja que está aprendendo amar e uma igreja que será uma força para Deus.

Algumas vezes quando estou pregando, eu chamo uma pessoa do grupo que eu não conheço. Eu expresso o compromisso de amor eterno a ela, pessoalmente, diante de todos. Eu faço isso para ensino, mas também como meu compromisso sincero com aquela pessoa.

Uma dessas pessoas me procurou muitos anos depois e me lembrou do compromisso que fiz com ela. Na verdade, o homem repetiu o que eu disse quase que palavra por palavra. "Eu passei a noite em claro na expectativa de falar com você", ele prosseguiu. "Eu tenho que te contar que fiz o que não devia." Ele então continuou a descrever o caos em sua vida, seu casamento e seu ministério. Conforme sua história chocante foi se desenrolando, eu percebi que eu estava ficando nervoso e revoltado com ele por desrespeitar o nome de Jesus e comprometer seu ministério tão estupidamente. *Querido Deus*, eu pensei, *onde eu fui entrar? Eu posso verdadeiramente manter meu compromisso com este homem? Quando ele terminar de se abrir comigo, eu poderei aceitá-lo totalmente e não o inferiorizar?* Eu não tinha nenhuma certeza se poderia.

Mas enquanto ele estava falando, algo estranho aconteceu. Deus me deu compaixão pelo homem. Quando ele terminou, eu disse: "O que você me disse é provavelmente a coisa mais repugnante e desprezível que posso pensar. Eu desconheço outra coisa que você poderia ter feito para me fazer te rejeitar. Você não deixou pedra sobre pedra. Mas você precisa saber que o Espírito Santo está me dando a capacidade de te amar. E porque eu te amo, e porque o amor foi colocado em meu coração pelo Espírito Santo, Deus te ama e te oferece total perdão."

Isto foi como abrir uma torneira pela maneira que o homem começou a chorar. Depois ele orou. Na base do meu amor, ele pediu que Deus o perdoasse. O efeito de tudo aquilo dentro de um período de tempo, trouxe a restauração de sua casa e do seu ministério, e agora ele está servindo a Cristo.

Aquele homem, até hoje, é uma das pessoas mais abençoadas no meu conceito. Eu o amo mais agora do que na primeira vez que fiz o compromisso com ele, a despeito do que ele passou, mesmo que o que eu descobri tenha sido chocante para mim. Mas ele tinha que contar para alguém. E porque eu tinha feito aquele compromisso com ele, ele sentiu que poderia vir a mim. Veja, ele estava num ponto, emocionalmente, em que não poderia se arriscar com a rejeição nem tão pouco manter silêncio. Como muitas outras pessoas feridas, ele desesperadamente precisava de alguém que o amasse, e praticamente, não tinha para onde ir. Não é de se admirar que uma igreja que sabe amar se torna uma força para Deus.

Aceitação - Amor em Ação

Uma mulher veio a mim um dia e disse que teria que suspender os estudos Bíblicos em sua casa.

"Que pena", eu disse. "Por que?"

"As pessoas estão vindo e fumando na minha casa", ela respondeu.

"E?" Eu perguntei, perplexo.

"O mal cheiro está impregnando em nossas cortinas novas", ela disse.

Eu estava começando a entender o quadro. "Você quer cortinas estéreis", eu perguntei, "ou você quer expor pessoas feridas ao amor de Jesus?"

Amor significa aceitar pessoas da maneira que elas estão por causa de Jesus. Jesus andava com pecadores e se nós somos muito santos para permitir que pessoas soprem fumaça em nossos rostos, então somos mais santos do que Jesus era. Ele não se isolava na sinagoga. Na verdade, Ele se misturava tanto com os pecadores, que os hipócritas se aborreciam. "Ele é amigo de pessoas de má índole" eles diziam. E Jesus lhes respondia, "Sim, porque eu não vim para ministrar líderes religiosos. Eu vim chamar os pecadores ao arrependimento."

Isso não é fantástico? Jesus gastava seu tempo com pecadores sujos, imundos, malcheirosos e encurvados. E quando esse tipo de pessoas encontra alguém que as ama e as aceita, você não será capaz de mantê-las distantes.

Por que elas vão ao bar? Elas estão procurando por alguém que as ouça. Então ficam bêbadas e ventilam seus problemas para o *barman*. Ele chora e ri junto com elas. Depois a pessoa diz, "Ok, são duas da manhã, vou para casa." Então elas saem cambaleando e estão de volta na noite seguinte para a mesma coisa. O que elas estão procurando? Elas estão procurando amor e aceitação. Mas elas não podem vir para a igreja porque a igreja não gosta de bêbados.

Um jovem me telefonou numa manhã cedo e disse, "Eu vou cometer suicídio."

Eu disse, "Por que você está falando para mim?"

Ele disse, "Porque eu não quero fazer isso, mas eu não sei mais o que fazer. Sou viciado em heroína, e ontem à noite eu quase matei um homem." Ele me contou as circunstâncias, como ele foi impedido de matar esse homem. Ele disse, "eu tenho medo de ir para casa. Estou com medo de fazer qualquer coisa. Estou totalmente fora de controle e a única coisa que eu sei fazer é pôr um fim na minha vida."

Eu perguntei para ele se nós podíamos nos encontrar. "Sem chances", ele disse. "Eu liguei para um pastor alguns meses atrás e ele me disse para ir ao seu escritório. Quando eu cheguei lá, ele tinha chamado o xerife para me prender. Eu gastei os próximos seis meses na cadeia. Eu decidi então que não iria mais atrás de outro pregador louco."

Partiu meu coração. O que eu poderia fazer? Eu disse, "Olha, eu vou para o meu escritório agora. Me dê 15 minutos. Depois dirija ao redor da igreja até que esteja convencido que ninguém mais está por perto. Eu estarei lá por três horas. Se em qualquer momento dessas três horas você quiser se arriscar a entrar, eu serei o único lá."

Eu esperei na igreja duas horas e meia. Finalmente ouvi a porta da frente se abrir, depois uma batida na porta do meu escritório. Ele deu sua vida para Cristo ali. Foi poderoso, algo lindo. A pergunta que corta o coração é, por que ele não havia encontrado amor e aceitação antes no único lugar na terra que deveria saber amar?

Eu conheço igrejas que se dividiram porque homens de "cabelo comprido" entraram. Pastores e anciãos que têm medo de cabelo comprido e de pés descalços estão no negócio errado.

"Mas o que a irmã fulana vai pensar?"

Isso realmente importa? A igreja deveria afirmar, "Nós iremos amar e aceitar pessoas, e se você não quer amar pessoas, você está no lugar errado. Porque esta igreja vai amar as pessoas."

Aceitação sem reservas de pessoas deveria ser um hábito para nós. Não há outra maneira de nos achegar o suficiente às pessoas para ajudá-las no nível de suas necessidades mais profundas. Quando cultivamos o hábito de aceitar as pessoas, elas se abrem para nós, gostam de nós, e confiam em nós, instintivamente.

Eu estava num cartório de registro civil, retirando um passaporte um dia quando vi um casal que reconheci como sendo de nossa igreja. Eu perguntei o que eles estavam fazendo e descobri que estavam solicitando uma licença de casamento. "Bom, Pastor", o jovem disse, "nós estamos morando juntos há quase quatro anos, então decidimos que é melhor regularizar. Mas olha só, eu esqueci de trazer alguém comigo. O senhor se importa de ser a nossa testemunha?"

Bom, este jovem não tem uma voz particularmente suave, e havia por volta de 25 pessoas naquele escritório. Por alguma razão, a sala inteira de repente ficou muito quieta. Eu senti que todos os olhos naquele lugar estavam em mim, um pastor que tinha acabado de ser identificado como amigo de um jovem casal que estava morando junto. O que eu tinha que fazer? Dizer ao irmão, "Shh-shh, não deixe ninguém te ouvir?" Ou dar-lhe um pequeno sermão de repreensão apenas para que todos soubessem que eu não aprovava?

"Uau, isso é fantástico", eu disse. "Vocês estão se casando!" e assinei como testemunha.

Eu aceitei o irmão. A questão, no entanto, é, eu o aceitei muito antes daquele encontro e minha aceitação foi tão sólida que ele não estava com medo de me contar a verdade agora. Eu louvo ao Senhor por isso, porque eu me lembro de um dia em meu ministério, quando uma pessoa na mesma situação dele, ao me ver lá, fugiu e só retornou depois que eu fui embora.

Porque nós somos aceitos no Amado, temos que aceitar o amado. Eu não posso desistir de você até que Deus o faça, e Ele não irá! Nós estamos seguros com Deus, e temos que estar seguros uns com os outros. Eu tenho que estar seguro com meus irmãos e irmãs. Eu tenho que ser capaz de saber que posso errar e ainda ser amado.

Eu sou apenas humano, e você não tem ideia de quão humano eu sou. Você quase não percebe a fraqueza e a fragilidade do homem que mora neste esqueleto. Mas eu sei; eu contendo com isso todos os dias. Eu sou apenas barro, como você. Eu preciso ser capaz de falhar e ainda ser amado e aceito – por minha esposa, meus filhos, pela membresia, por meus pais. Eu simplesmente não posso viver com rejeição. E isto não é porque estou numa viagem do ego, mas porque sou uma pessoa.

Aceitação não é uma Licença

Anteriormente, eu lhe contei sobre um pastor que caiu e foi restaurado à comunhão porque encontrou amor, aceitação e perdão na igreja East Hill. O que eu não lhe contei é que, uma série de ligações telefônicas começaram a chegar para nós, naquele tempo, de pastores e pessoas iradas. Eles estavam tremendamente chateados, pois nossa aceitação a ele poderia ser interpretada como licença para o que ele tinha feito. Eu suponho que isso é possível. Talvez algumas pessoas sejam tão cegas. Mas estariam errados de deduzir isto. Nós não estávamos aprovando seu pecado nem tentando ser nobres e heroicos em resistir à maré de sentimentos contra ele. Nós só estávamos pura e simplesmente amando-o.

Um líder de uma igreja me ligou durante este tempo. Ele perguntou, "Você sabe o que você fez?"

Eu garanti para ele que provavelmente não sabia.

"Bom", ele disse, "você abriu suas portas para todos os pastores destruídos com problemas morais, que existe."

Minha resposta para isto é, "Louvado seja o Senhor. Se eles não puderem vir aqui, onde eles irão? Para onde os encaminharemos? Se as pessoas não podem ser curadas em nossas congregações, para onde devemos enviá-las? Alguém tem que ser o último da fila para uma humanidade bagunçada. Nós não estamos num concurso de popularidade."

Jesus foi crucificado no final do Seu ministério, e foi o equivalente à associação ministerial da região que O colocou na cruz. A comunidade religiosa pode colocar você na cruz também. Se acontecer, ore para que Deus os perdoe, pois eles não sabem o que estão fazendo. Os mesmos irmãos que crucificariam você, podem também caírem um dia, e quando caírem, eles poderão vir até você e encontrar amor, aceitação e perdão. Eles deverão encontrar acolhimento e ouvir uma voz dizendo, "Irmão, eu sei que você está ferido. Em nome de Jesus, entre,"

Nunca trabalhe sob o equívoco que tal aceitação gera licença. Pelo contrário, a sua aceitação a um irmão, o tornará forte. Isso nunca o confundirá em questões de certo e errado se o seu ensino e estilo de vida pessoal estabelecer claros padrões. Por exemplo, uma pessoa que usa linguagem profana não vai imaginar que você aprova tal linguagem só porque você a aceita como pessoa. À medida que ela ouça sua fala reverente e aprenda a Palavra de Deus, e acima de tudo, que se achegue ao amor de Deus, ela entenderá claramente que linguagem profana é errado. Mas se você expressar uma rejeição pessoal a ela, ela nunca permanecerá o suficiente para ser tocado por Deus através de você.

O mesmo princípio se aplica em todos os nossos relacionamentos com outras pessoas. Jesus nos aceita mesmo que tenhamos muita coisa em nossas vidas que ofenda Sua santidade. Sua aceitação não implica aprovação de nosso comportamento indigno. Se, então, somos aceitos por Jesus, quem pensamos que somos para rejeitar os outros?

Perdão - Pare de brincar de Deus

"Antes, sede uns para com os outros benignos, misericordiosos, perdoando-vos uns aos outros, como também Deus vos perdoou em Cristo" (Ef 4.32).

Eu gosto do conceito de perdão de Catherine Marshall, como ela o desenvolve em seu livro *Something More*. Ela sugere que perdão é liberar outros do seu próprio julgamento. Tirar o seu julgamento pessoal de alguém não quer dizer que você concorda com o que ele disse ou tenha feito. Isso simplesmente significa que você não agirá como o juiz da pessoa. Você não pronunciará um veredito de culpa sobre ela.

"Mas ele estava errado", você diz.

Ok, mas ele não está sob meu julgamento. Eu o libero.

Manter alguém sob o seu julgamento pessoal é brincar de Deus com a pessoa. A Palavra diz, "Minha é a vingança; eu recompensarei, diz o Senhor" (Rm 12.19). E porque Ele recompensará, eu não preciso fazê-lo.

"Mas aquela pessoa me feriu, Senhor. O Senhor sabia disso?"

"Com certeza."

"Bom, o Senhor vai fazer algo sobre isso?"

"O que você acha?"

"O Senhor vai lhe dar um golpe mortal?"

Amor, Aceitação e Perdão

"Provavelmente não."

"Mas, Senhor..."

"Você quer brincar de Deus? Se sim, lembre-se disso: No momento que você se colocar para trazer julgamento sobre aquele homem, você se colocará debaixo do meu julgamento."

Perdoe, e você será perdoado. Não julgue, e você não será julgado. Isto está na Palavra (veja Lc 6.37).

Libere as pessoas do seu julgamento pessoal! Pois a não ser que eu tenha certeza do teu perdão, eu não posso realmente me abrir com você. Veja, eu sei que mais cedo ou mais tarde eu irei lhe decepcionar e falhar com você. Não por intenção ou desejo, mas eu sou imperfeito; ainda estou em construção. Eu tenho que saber que você não irá me condenar quando minhas fraquezas, falhas e pecados começarem a aparecer. Eu tenho que ter a certeza do seu perdão – um perdão sem gosto amargo no final.

Lembre-se, você não é o Senhor. Nenhum de nós temos que agir como Senhor na vida de ninguém, nunca, sob nenhuma circunstância. Há somente um Senhor, e este é Jesus Cristo. Um pastor nunca deve se relacionar com seu povo como um senhor. Os pastores não são obrigados a levar ninguém para o céu. Este é o trabalho de Jesus. A obrigação de um pastor com o povo é primeiro amar, aceitar e perdoar, e em segundo lugar, é conduzi-lo a uma prontidão ministerial, ensinando-o a fazer o mesmo.

Isso reduz tudo à tal simplicidade: os pastores são livres para amar seu povo; eles não têm que ser guardiões; eles não são guardiões do rebanho, mas sim, pastores do rebanho. Há uma grande diferença, e esta é a diferença entre amar e julgar.

Quando amor, aceitação e perdão caracterizam nossas vidas e nossas igrejas, o Senhor nos enviará pessoas que precisam se tornar inteiras. Um pastor amigo meu, me ligou um dia muito chateado com nossa igreja. Ele estava irritado porque alguns de seu povo tinham começado a vir para a nossa igreja. Eu sabia do que ele estava falando e senti que ele precisava desabafar, então eu o deixei falar. Num momento ele disse, "Você sabe o que vocês são aí? Vocês não passam de coletores de lixo."

À medida que pensei nisto, percebi que ele estava falando a verdade. Isto é exatamente o que nós somos, coletores de lixo. Onde nós estávamos antes de Jesus nos encontrar? Não éramos todos, um lixo? Jesus nos encontrou e nos reciclou.

Eu mencionei isso na igreja num domingo e depois um homem, que possui uma agência de coleta de lixo veio como que flutuando pelo corredor, todo empolgado. "Isso é demais", ele disse. "Deixe-me te falar algo sobre lixo. Há um aterro próximo daqui. Por 10 anos nós o usamos como um lugar para despejar lixo. Sabe o que tem lá agora? Um lindo parque."

Eu tenho visto lixo humano se tornar bonito também. Eu tenho visto o mal cheiro do pecado transformado na fragrância do céu. Este é o nosso negócio. Não podemos nos preocupar com o que os críticos pensam ou dizem. Onde Deus vai enviar o "lixo" para reciclagem se Ele não puder colocá-lo na nossa porta? Ele encontrará um lugar. Se não estivermos abertos para o negócio, outro estará. Mas nós queremos ser usados por Deus.

Quando amor, aceitação e perdão prevalecem, a igreja de Jesus Cristo se torna o que Jesus era no mundo: um centro de amor designado para a cura de pessoas destruídas, e uma força para Deus.

Capítulo Dois

A Necessidade de uma Filosofia de Liderança

Algo que tem contribuído para todos os tipos de devastação na vida da igreja é a falha da liderança em ter uma filosofia sólida – um conceito bem definido de como uma igreja deve operar e o porquê. Na ausência de tal filosofia, pastores tendem a fazer uma das três coisas: (1) eles pastoreiam de crise à crise; (2) eles seguem a moda atual; (3) eles simplesmente se inscrevem num conceito de vida de igreja que lhes foi transmitido.

De crise a crise

Uma grande parte da vida de um pastor pode ser gasta correndo de crise a crise, de modo que ele nunca tenha a oportunidade de se sentar e meditar na pergunta, "Para que mesmo eu existo?"

É fácil ser preso pela pressão de um momento.

Pastores se veem lançados em situações e têm que lidar com o que está diante deles. Os problemas surgem na vida particular das pessoas. Alguém morre, por exemplo, então o pastor rapidamente prepara um sermão sobre morte. Ou talvez tenha um grande acidente. As pessoas envolvidas eram cristãs, então surgem perguntas sobre a soberania de Deus. O pastor rapidamente prepara uma mensagem sobre a soberania de Deus.

Surgem problemas nos grupos que compõem cada congregação. Talvez uma das garotas do grupo de jovens se envolveu num problema; ela está grávida, uma futura mãe solteira. Os pais estão tristes e os meninos fazendo perguntas. O resultado é uma crise no departamento de jovens, e o pastor tem que entrar e responder à situação.

Depois há problema na diretoria da igreja. A igreja está comprando uma propriedade. De repente parece que a congregação é parte de um contrato totalmente inadequado. A igreja está super comprometida e subfinanciada. Agora, o pastor tem que correr para esta crise.

Surgem problemas tornando-se deveres pastorais. "Uau, já é sexta à noite e eu mal comecei a preparar minha mensagem de domingo de manhã – nem se fala a de domingo à noite. O que eu vou fazer?" Esta é outra crise.

Pare!

Faça uma pergunta: Um pastor tem que gastar sua vida inteira num chamado como uma ambulância espiritual, ou há algo mais fundamental que ele deveria estar fazendo?

Uma premissa básica em minha própria filosofia de igreja é que as próprias pessoas são ministros. Quando surge uma crise, não tem que chegar necessariamente ao escritório pastoral. Quando alguém morre, para continuarmos com o exemplo anterior, a situação não requer um tratado teológico. Isto requer pessoas que entendam a natureza da dor e do luto para se mover e, em forma de servo, suprir as necessidades pessoais do aflito.

Veja, não é trabalho do pastor suprir a necessidade de todos. É trabalho do pastor verificar se a necessidade de todos está suprida. Esta é a diferença entre facilitar o ministério e apenas liderar um serviço de ambulância.

O pastor dever ser um facilitador.

Mas nós temos que ter um plano de saúde básico subjacente a tudo isso, e é daí que o pastor precisa se basear. Duas coisas são necessárias: as pessoas precisam ser treinadas para usarem seus próprios dons no ministério; e a igreja precisa dar às pessoas o direito de ministrar em situações de crise.

As crises não podem ser evitadas. Elas não podem nem ao menos ser agendadas. Quando um casamento termina, o coração de alguém está dilacerado e a situação toda está prestes a explodir, não podemos dizer, "Bom, vamos ver, o pastor pode te atender daqui há uma semana, terça às 16h00." Mas nós podemos envolver pessoas no ministério ao ponto que necessidades são supridas e o pastor é livre de uma constante demanda de intervir em crises.

Modismos da Igreja

Um outro resultado assustador de não ter uma base filosófica sólida para o que estamos fazendo é que nossa tendência então será seguir qualquer coisa que esteja em alta no momento.

E então seguiremos aquilo até que surja outra coisa que pareça melhor.

Muitos anos atrás, o *Jesus Movement* (Movimento Jesus) alcançou as ruas. De repente virou moda todos terem um símbolo hippie na igreja. Você tinha que ter um para mostrar que a sua igreja estava viva. Com muita frequência, o conceito da igreja não era "Estas são pessoas feridas e nós precisamos nos achegar e começar a tocá-las." Ao invés, embora nunca admitíssemos, nossa motivação era que ter um hippie na congregação nos tornaria bem vistos à luz da nova moda.

Nos círculos carismáticos alguns anos atrás, a moda era ter um grande ajuntamento interdenominacional. Se você não fizesse parte de uma rede interdenominacional, você não era ninguém. Sacerdotes episcopais, sacerdotes católicos e freiras tinham que ser parte de algum ajuntamento. O terno preto e colarinho ou a batina diziam algo. Em muitos casos estas pessoas tinham grandes coisas a dizer. Mas só porque um homem usa um traje clerical, não significa que ele terá uma palavra de Deus para a minha congregação. Mas era a moda, e havia uma pressão para entrar no circuito e ter essas pessoas para pertencermos à rede.

Por um tempo muitas igrejas entraram em demonismo, e se tornou muito famoso achar demônios e expulsá-los. Ministros especialistas estavam sendo levados ao redor da nação para lidar com aqueles demônios que estavam pulando nas pessoas. Eu recebi estudos sobre demônios de fumaça, demônios de tosse, demônios de asma, do que você imaginar. Tudo era um demônio.

Não coincidentemente, a cultura secular estava ao mesmo tempo dentro de uma grande investida no ocultismo. Hollywood estava produzindo *Rosemary's Baby and The Exorcist*. Cartomantes estavam tomando as manchetes de jornais ao redor do país, o Bispo Pike estava falando com seu filho morto "no além".

A moda de demônio nas igrejas era uma resposta a este estouro de ocultismo na cultura. Eu creio que uma reflexão precisa ser feita diante dos padrões de resposta da igreja às situações do mundo. Geralmente a reação da igreja é exatamente isso – uma reação, ao invés de um estilo de vida profético. Temos a tendência de tomar o que o mundo está fazendo, empacotar de forma diferente, usar termos religiosos carregados de emoção, e vender. Somos muito preocupados em sermos "relevantes" e nem tanto em sermos proféticos.

Uma boa ilustração agora é o movimento libertação gay. Qual a resposta da igreja para isso? É muito possível que isso possa evoluir para uma moda. Então, a não ser que você tenha o seu grupo de gays ou de ex-gays, você não estará realmente onde a ação está.

Eu não me preocupo em ser "relevante" neste sentido. Eu quero ser profético. Isso significa que eu devo estar falando o que Deus está falando. O dom de profecia é um dom de discernimento. Eu devo estar trazendo o discernimento de Deus nas situações.

E se Jesus estivesse vivendo em nosso país agora? Como que Ele estaria lidando com as pressões culturais que enfrentamos? Ele disse, "Como o Pai fala, eu falo. Eu simplesmente vejo o que o Pai está fazendo e faço" (veja Jo 5.17). Isso é ser profético.

Temos que começar a ver o que Cristo está vendo e responder de acordo. Ele não começou um movimento político. Na verdade, Ele evitou a política. Embora Ele fosse envolvido politicamente, não era de um ponto de vista de movimento, mas porque o que Ele fazia tinha fantásticas implicações políticas.

O estilo de vida profético tem foco na pessoa. Para lidar com o homossexualismo no modismo seria lidar com a questão dos direitos do gay. Eu não sou primariamente preocupado com esta questão. Primeiro, eu me preocupo com a pessoa que está presa num estilo de vida, sendo levada a crer que nunca poderá ser transformada, quando a verdade é que ela pode ser transformada, Jesus quer que ela seja transformada, e uma série de pessoas que foram transformadas provam que isso pode ser feito.

Se for para eu viver profeticamente, eu tenho que alcançar o indivíduo. Fazer declarações públicas não cumpre a tarefa. Isso apenas fornece ocasião para outros externarem um ponto de vista alternativo. Logo, tudo o que faremos será brigar uns com os outros. Eu não acho que a igreja deveria entrar neste tipo de conflito.

Viver profeticamente no mundo é declarar o amor de Cristo e seu poder redentivo no coração de indivíduos presos no pecado. Vemos Jesus fazendo isso. Ele não falava de maneira geral com o mundo, mas confrontava indivíduos – Ele tocou a pessoa doente, Ele libertou o endemoninhado, Ele perdoou a outra pessoa que era um notório pecador.

Algo potencialmente útil que pode se tornar modismo em sua aplicação é o crescimento da igreja e o movimento de renovação. Certamente é útil observar o que acontece quando as igrejas começam a crescer, mas o crescimento da igreja não depende basicamente de metodologia. A dinâmica para o crescimento da igreja é quando pessoas cheias do Espírito Santo atendem as necessidades de outras pessoas em nome de Jesus, onde quer que elas estejam. Você não pode reduzir isso a uma metodologia.

Há uma grande corrida agora para adquirir ônibus, um programa de evangelismo, entrar na TV. Você começa simplesmente indo até as pessoas que estão fazendo, e faz de seus conselhos, a voz de Deus. A liderança da igreja vai a um seminário, volta e diz, "Pessoal, ouvimos a mente de Cristo. Temos que comprar 17 ônibus." Mesmo que isso pareça funcionar, não significa necessariamente que foi uma palavra de Deus para você.

Exatamente agora há um grande interesse numa enorme igreja na Coreia pastoreada pelo Dr. Cho. O que o Pastor Cho está fazendo é absolutamente profundo e está impactando a cultura de seu país tremendamente. Se você puder observar o ministério dele por uma sólida base filosófica, será tremendamente útil. Pode haver algo que o Senhor queira te revelar que você não consiga ver até que vá até lá. Mas se você entrar nisso a partir de um vazio filosófico, você apenas voltará para casa e tentará duplicá-lo. Nós teremos pequenos "Chos" correndo para lá e para cá, sendo ineficazes e tremendamente frustrados.

Há muitos seminários pastorais agora. Pastores estão viajando por todo o mundo tentando encontrar "a chave". Isso pode ter valor se estes pastores tiverem suas bases filosóficas. Se não, isso será reduzido ao modismo. Daqui cinco anos, tudo o que farão será procurar pelo o que estiver em alta novamente.

Padrões Tradicionais

Aqueles de nós que pertencemos a uma denominação, principalmente uma denominação com muitos anos de história e de tradições de adoração bem desenvolvidas, provavelmente somos inscritos em um conceito de vida de igreja que foi simplesmente entregue a nós.

Se formos isolados de outros, vivendo dentro do contexto de monólogo no que se refere à vida da igreja, provavelmente aceitaremos, sem críticas, muitas práticas que não têm validade.

Ou se são válidas, não sabemos o porquê, e, portanto, não poderemos usá-las aproveitando de seus melhores recursos. E seremos totalmente ignorantes sobre as alternativas que podem ser aplicadas muito melhor, em nossa situação particular.

Uma exposição superficial a novos padrões não nos beneficiarão também. O que é necessário, é uma mudança no molde básico de ser preso pela tradição.

A não ser que você queira ser agressivo, a não ser que você queira ser atual, no verdadeiro sentido da palavra, você pode estar apenas usando termos de inclusão, como "vida no corpo" ou "vida neo-testamentária" mas estar apenas injetando-os em seu fluxo tradicional existente. Você não mudará nada. Você estará apenas sobrepondo novas semânticas em padrões antigos de operação. Isso quer dizer que você ainda não refletiu a partir de uma filosofia básica para a sua igreja.

Você já se perguntou, "Por que estamos falando Doutrina dos Apóstolos?"

"Por que este hino?"

"Por que usamos os hinos?"

"Qual é a aplicação da vida da igreja nas ruas, e como o que estamos fazendo no templo afeta a vida lá fora?"

"A adoração é um evento que acontece, ou é um estilo de vida?"

O ponto inicial para desenvolver uma filosofia é realmente querer saber onde você está indo, e ter a coragem de fazer uma autoavaliação básica. As pessoas frequentemente veem adoração como um meio para um fim. É assim que você vê? Eu não acredito que adoração é um meio. Ela por si só é uma conquista. O Pai está procurando pessoas que o adorem em espírito e em verdade.

As pessoas veem os sermões como veicular. O pregador vai falar algumas coisas para que no final ele possa inserir uma isca e puxar pessoas na direção que ele quer que elas vão – para salvação, para compromisso, para apoiar o programa de construção, para começar a adoração de família, ou qualquer outra coisa. O sermão se torna um veículo para introduzir a isca no peixe.

Eu não vejo pregação desta maneira. A bíblia diz que falamos segundo os oráculos de Deus (veja 1Pe 4.11), o que significa que o próprio falar é o ministério: a pregação deve ser oracular e não veicular. Como Jesus colocou, "As palavras que eu vos digo são espírito e vida" (Jo 6.63).

A fala de um pastor deve ser usada pelo Espírito para cumprir o ministério. À medida que um pastor falar, as pessoas devem ser salvas, transformadas e edificadas. Foi assim que funcionava com Pedro. "Enquanto Pedro ainda dizia estas palavras, caiu o Espírito Santo sobre todos os que a ouviam" (At 10.44). Funcionou assim com Jesus, também. Conforme Ele falava, as pessoas eram curadas e transformadas. Quando Ele terminava de falar, não havia necessidade de ficar ao redor para orar. A obra estava feita.

O que eu estou dizendo é que não deveríamos ver verdadeiros padrões de ministrações como veículos para outras coisas. Por exemplo, frequentemente, a música nos cultos é vista estritamente como um veículo. Nós temos um coral no santuário que cria o ambiente para o sermão, que cria o ambiente para a isca. Nós criamos todo o ambiente. Não é de se admirar que quando nosso povo chega no mercado de trabalho, é inconcebível para eles que apenas com cinco palavras poderiam atingir o coração de uma pessoa com uma mensagem direta da parte de Deus. Eles acham que o clima tem que ser preparado antes.

Não apenas pouquíssimas coisas acontecem no mercado de trabalho por causa de tais pensamentos, como também, apesar de toda essa preparação fantástica nos cultos, nada de especial acontece no templo. O que nós deveríamos buscar é uma verdadeira ministração em cada coisa que se referir ao culto. Enquanto o coral está cantando, algo deveria estar acontecendo no meio do povo. "Faça-se tudo para edificação" (1Co 14.26).

Nada do que eu tenho dito sobre os perigos dos padrões tradicionais deve ser interpretado como que um padrão que não seja importante ou seja indesejável. No Antigo Testamento, somente depois de tudo ter sido feito detalhadamente conforme o padrão prescrito, que a glória de Deus chegou no Tabernáculo (veja Êx 40.34). É inconcebível para mim que o padrão deva ser jogado fora e que nós estejamos totalmente sem instrução. Eu preciso de um certo tipo de padrão para operar. Minha vida inteira precisa ser organizada.

Nossos padrões dão ordem para o que fazemos. O que eu estou dizendo é, não adore o padrão. Não seja cativo dele.

Princípios, não Detalhes

Toda igreja precisa de uma sólida base filosófica para construir sua vida e ministério. Eu ainda não lhe ofereci isso neste capítulo. Espero mencionar tal filosofia no restante deste livro, especialmente no próximo capítulo. Mas lembre-se, falaremos sobre princípios básicos e não sobre práticas específicas. Os princípios, se forem bons, funcionarão para qualquer pessoa em qualquer lugar. Minhas práticas são para minha situação específica, para minha comunidade, minha personalidade. Provavelmente elas não funcionarão tão bem para você na sua situação.

Por exemplo, eu não fico em pé atrás do púlpito quando eu prego. Eu me sento num banco alto. Não está em questão aqui nenhum princípio importante. Eu comecei a sentar enquanto pregava porque minhas pernas estavam cansadas. No entanto, eu não quebrei a tradição do púlpito facilmente. Eu sempre fiquei em pé atrás do púlpito e nunca me ocorreu que houvesse uma alternativa. Porém minhas pernas começaram a protestar. Me vi pregando cinco vezes num domingo e sem condições de ao menos esticar minhas pernas na hora de levantar-se da cama na segunda pela manhã.

Finalmente, um dos irmãos me disse, "Por que você não se senta enquanto prega?" Eu nunca tinha ouvido aquilo antes. Soava totalmente irreligioso. Depois ele me mostrou nas Escrituras que Jesus sentava e ensinava o povo (veja Mt 26.55). "Se Jesus podia sentar e ensinar," ele disse, "você também pode. Seus sermões não são tão bons quanto os dele, mas tirando isso, vai dar certo."

No próximo domingo eu me sentei num banco de cozinha velho de madeira. Foi tão bom descansar meus pés. Mais do que isso, o fato de me sentar me desprendeu do domínio da tradição e libertou a congregação também. Isso nos fez nos mover em direções muito interessantes. Agora, estou muito acostumado a me sentar enquanto prego. Eu falo ao público que se eles sentirem que alguém deve estar em pé enquanto eu prego, que são livres para fazê-lo.

Mas, sentar-se enquanto prega é um detalhe, não um princípio. Eu recebi uma carta um dia de um homem que participou de uma conferência de pastores em que eu ministrei. Ele disse que quando foi para casa, se desfez dos seus hinários. Jogou fora seu púlpito. Trouxe um banco para se sentar enquanto pregava. Depois ele disse, "e irmão, ainda assim nada está acontecendo aqui!"

Nada irá acontecer em lugar nenhum só porque as pessoas fazem de algumas de minhas práticas, uma moda. Mas as coisas irão acontecer quando os princípios Bíblicos forem colocados em prática. Logo encontraremos alguns destes princípios.

Capítulo Três

A Igreja como uma Força

Uma mãe estava desesperada porque seus dois filhos estavam se comportando muito mal, perturbando o bairro inteiro. Um dia esta mãe foi à casa ao lado e começou a desabafar seus desgostos para a vizinha. A vizinha ofereceu uma solução. Um dia ela teve um problema parecido com seu filho. Ela o levou para uma igreja católica da região e mandou ele se confessar com o padre. E isto solucionou o problema.

A mãe desesperada decidiu fazer a mesma coisa. Ela conduziu seus filhos para a igreja católica e os entregou ao padre. O padre levou o primeiro garoto à parte e disse, "jovem, onde está Deus?"

O menino ficou petrificado e não respondeu. O padre repetiu a pergunta. O menino deu um pulo, correu do padre, agarrou seu irmão, e disse, "Nós temos que sair daqui. Eles perderam Deus e estão tentando colocar a culpa em nós."

Comunicação é algo muito interessante. Eu posso saber exatamente o que eu vou dizer, mas ainda não ter a menor ideia do que você irá ouvir. Esta é uma razão que eu quero te liberar agora de nunca ter de concordar comigo. Além disso, eu não falo como uma autoridade. Eu sou simplesmente uma pessoa tentando aplicar o significado da vida cristã e estilo de vida na arena onde Jesus Cristo me colocou.

Com isto em mente, deixa eu te fazer uma pergunta. O que é igreja?

Você pode não entender completamente o que eu vou dizer sobre a igreja. Você pode entender o suficiente, mas discordar. É seu direito. Mas independentemente se você gostar da minha resposta ou não, você tem que ter uma resposta bem ponderada para esta pergunta.

Tenho certeza que milhares de cristãos não têm uma resposta satisfatória para esta pergunta. Nem mesmo muitos pastores. Tenho conversado com pastores ao redor desta nação que absolutamente não têm ideia do que é igreja. Nunca pensaram a respeito. Ah, eles estudaram o conceito numa classe de faculdade ou seminário. Eles têm num caderno em algum lugar, aceitam a definição no caderno, mas não têm muita certeza do que é isso ou no que isso implica.

Depois eles começam a se envolver com a vida do povo, lidando com crise após crise, contratando funcionários, formando organizações, construindo estruturas, acumulando dinheiro. E eles ainda não têm a menor ideia do que é igreja.

Cristãos geralmente são confusos como os seus pastores. Muitos deles sabem apenas que as "igrejas" dos seus amigos estão muito longe do que Deus planejou. É por isso que literalmente, milhões de pessoas que professam serem cristãs nascidas de novo são um tanto quanto alienadas da igreja como organização. Vivemos numa sociedade que está se aproximando de conclusões sobre Deus e sobre Jesus Cristo, tremendamente encorajadoras. Entretanto, as conclusões da mesma sociedade sobre a igreja não são tão encorajadoras.

Esta tal dicotomia me incomoda. Por que nossa cultura tem uma opinião sobre Jesus e ao mesmo tempo uma opinião diferente sobre a igreja? A Bíblia ensina que a igreja é o Corpo de Cristo (veja Ef 1.22,23). Ela diz que "porque qual ele é, somos nós também neste mundo" (1Jo 4.17).

Quando as pessoas fazem diferença entre a igreja e Cristo, quando elas dizem, "Nós vamos deletar a igreja, mas certamente amamos e cremos em Jesus", algo está profundamente errado.

Eu creio que nós como igreja, temos que enfrentar esta situação e suas implicações. À medida que o fizermos, o Espírito Santo pode nos ensinar como reestruturar ou conceber a igreja para que não haja mais distância entre a maneira que nós vemos a igreja no mundo e a maneira que vemos Cristo no mundo.

Nessa direção, eu quero pôr diante de você, dois modelos de igreja. Um modelo eu chamo de "igreja-como-um-campo", e o outro é a "igreja-como-uma-força."

A Igreja como um Campo

Você pensa na igreja como organização, estrutura corporativa, localizada na comunidade num endereço específico? Lugar para o qual você pode direcionar as pessoas? Algo identificado, visível? Talvez com uma torre, talvez não, mas definitivamente, uma entidade com endereço? Esta é uma descrição parcial da igreja como um campo.

No conceito de campo, a igreja como organização é onde as pessoas vêm para fazer a obra de Deus. Um campo de fazendeiro é onde ele planta suas safras e faz o seu trabalho. Então o campo, referindo-se à igreja, é a arena na qual a igreja faz o seu trabalho. Qualquer coisa a ser feita pela igreja é feita lá.

Este conceito – que o campo está onde o trabalho está sendo feito – é crucial. Veja, Jesus disse, "O campo é o mundo" (Mt13.38). Daí se conclui que o trabalho da igreja deve ser feito no mundo. Quando pensamos que o lugar de reunião dos crentes é onde o trabalho deve ser feito, nos desviamos do conceito que Jesus originalmente estabeleceu. Ao invés do mundo ser o campo, fizemos do templo, o campo.

Este conceito da igreja como um campo vai determinar ou pelo menos nortear tudo o que a igreja faz. Vamos considerar como o "campo" afeta mentalmente a igreja em seu foco, objetivo, ministério e motivação. E depois consideraremos alguns dos resultados.

A descrição seguinte pode ser como uma caricatura. Pode exagerar algumas figuras. Provavelmente poucas igrejas se enquadram na descrição completamente. Mas penso que a descrição atingirá muito próximo, a realidade de muitos.

O que a igreja como um campo enfatiza? Quando vemos o templo como o lugar onde a obra de Deus deve ser feita, desenvolvemos os tipos de ênfases que trarão as pessoas para aquele prédio.

Primeiro, precisamos de uma grande visibilidade. A igreja precisa ser proeminentemente localizada. As pessoas precisam vê-la e preferencialmente devem passar por ela diariamente no caminho para escola, para o trabalho e para o shopping. Afinal, como que elas irão lá se não souberem onde fica? Não só o templo deve ser óbvio, mas os líderes da igreja devem ocupar um papel muito importante nas relações públicas. Eu não sou contra relações públicas, mas algumas vezes, as relações públicas se tornam uma das principais atuações neste conceito de igreja. Porque temos que nos tornar visíveis, a liderança – seja o pastor, seu assistente, ou quem quer que seja – deve primeiramente se envolver com a comunidade para trazer visibilidade à igreja.

Em segundo lugar, os eventos que acontecem neste templo devem ser de tal natureza que as pessoas sejam atraídas. Programas e promoções se tornam muito importantes. Um programa de alta qualidade e uma grande promoção, com certeza, demanda grandes esforços, dinheiro e organização. Então a ênfase da igreja se torna visibilidade, organização, programa e promoção. Eu não estou dizendo que isto seja ruim. Estou questionando a sua validade como prioridade. Estas são as principais ênfases neste conceito de igreja. Nós damos muita atenção para estas coisas, porque vemos o templo como o lugar onde tudo acontece.

Quais os objetivos que a igreja-como-um-campo possui? Os objetivos da igreja-como-um-campo são definidos em termos de números de comparecimento, de orçamento e das instalações. Estas coisas tendem a formar nosso conceito de sucesso.

É claro que os objetivos são flexíveis. Se não estamos alcançando grandes números, então mudamos nossa semântica de sucesso de quantidade para qualidade. Estamos atrás de poucas pessoas boas. E assim lidamos com o problema do sucesso.

Orçamento? Obviamente, precisamos de dinheiro para conduzir uma igreja. Mas quando isto se torna nosso objetivo, confundimos profundamente meios e fins. Quando conduzimos a igreja para levantar o dinheiro suficiente para conduzir a igreja, não deveríamos ficar tão surpresos quando as pessoas classificam a igreja como algo que é oposto a Cristo.

Instalações são vitalmente importantes para o conceito de igreja-como-um-campo porque a única maneira de aumentar o campo é ampliando as instalações. Se você for fazer uma grande obra para Deus, e ela for totalmente dentro do templo, então você tem que ter um prédio enorme.

Como que a igreja-como-um-campo faz para cumprir seu ministério? Uma coisa interessante é que até aqui ainda não há uma descrição adequada do que seja este ministério. Seu ministério até então é trazer pessoas ao templo, porque lá é que a obra de Deus é feita.

Esta obra, uma vez que o povo é reunido, é centralizada num profissional. Se as pessoas forem receber oração, para isto o profissional será a pessoa que fará a oração porque ele tem as mãos profissionais. E quando há mais cabeças do que suas mãos podem cuidar, nós acrescentamos mais um profissional. Então agora temos quatro mãos ao invés de duas. À medida que o campo aumenta, temos mais cabeças do que quatro mãos podem suportar, então acrescentamos outro profissional. Depois dividimos os profissionais em departamentos para que tenhamos mãos em todas as áreas das vidas dos membros. O que estamos fazendo, é estabelecendo um tipo de abordagem profissional bem rigorosa para o ministério.

A segunda coisa sobre este tipo de ministério é que todas as setas são para dentro. Com isto, quero dizer que a organização está se empenhando para tirar as pessoas da cultura para dentro do templo. Tudo é designado para atrair as pessoas. Temos concursos, prêmios e campanhas. Eu ouvi sobre uma igreja que doou selos verdes. Numa outra, o pastor prometeu engolir um peixe vivo quando a frequência atingisse um certo número. Qualquer coisa, basta trazê-los. Porque é neste lugar que tudo acontece.

O ministério se torna uma identidade posicional dentro da organização. Isto é, se você vai ministrar, você tem que ser o diretor de algo ou ministro de algo ou associado de algo. Você terá um título e uma posição dentro da estrutura organizacional. Como resultado, o membro é facilmente induzido ao erro sobre o significado do culto cristão e frequentemente reduzido a um espectador. Veja, uma vez que ele está no campo, a não ser que atinja uma posição, ele terá pouca relevância com exceção de ajudar a manter a máquina funcionando.

Ele mantém o assento ocupado e convida os vizinhos, mas isso não satisfaz, e ele fica um pouco confuso. Então ou ele luta pelo poder ou abandona. Ou ele retorna para o papel de apoio ou de discordância do programa pastoral. Muitas das oposições contra pastores são decorrentes deste tipo de frustração na vida do povo.

O que motiva a igreja como um campo? Basicamente, a motivação da igreja-como-um-campo é trazer as pessoas para dentro. Isto é chamado de evangelismo. Uma vez que você os tem dentro, você tem que mantê-los porque se não, o campo será diminuído. Então programas são elaborados para manter as pessoas. Isto resulta numa enorme quantidade de programação. Você precisou de um programa para receber as pessoas e agora você precisa de um programa para mantê-las.

Você também tem que ter pessoas servindo a igreja. A razão que isso é absolutamente necessário é que a igreja é o campo. Sendo assim, se as pessoas vão servir ao Senhor, elas o farão dentro da organização.

Muito subitamente, algo interessante acontece em nossa mentalidade se não tomarmos cuidado. Começamos a explorar as pessoas.

Alcançamos as pessoas, não porque elas estão feridas, mas porque elas podem nos ajudar em nossos esforços na igreja. Pense, se aquele homem com todo o seu dinheiro pudesse ser salvo, o que ele poderia fazer por esta igreja. Ou, que bom testemunho para a nossa igreja se aquele pecador famoso fosse salvo aqui.

De repente, a pureza de nossas motivações está corroída, e isso é algo muito perigoso. Isto significa que em certo ponto vamos começar a ferir pessoas. As pessoas serão mastigadas pela máquina. Na East Hill nós pegamos pedaços de pessoas que foram mastigadas por máquinas religiosas. Nós os pegamos em cestos cheios. Pessoas que foram machucadas, que odeiam religião, odeiam o pregador, odeiam tudo o que se refere ao pacote da igreja. Muitos deles têm casos reais.

Não porque alguém queira ferir as pessoas. Nenhum pastor está no ministério para ferir pessoas. Eu já recebi pastores, chorando no meu escritório, dizendo, "Eu amo as pessoas. Eu quero ajudá-las. Gastei minha vida tentando ajudar pessoas, mas parece que em algum momento elas se machucam." Geralmente estes pastores andam sob tamanha pressão para fazer a máquina funcionar que fazem as pessoas sofrerem.

Quando a igreja é o campo, nós somos motivados a competir com família, escola, televisão, e com o mundo. Isso não é conversa fiada, realmente temos que competir. Por quê? Porque temos que tirar as pessoas de outras coisas e mantê-las ocupadas com a programação da igreja.

Ora, quais são os perigos dessa abordagem da vida da igreja? Primeiro, o papel pastoral é distorcido e mal direcionado. Nas igrejas evangélicas, o pastor tende a se tornar um astro. Alguns homens têm a habilidade de carregar este papel muito bem. Sua desenvoltura no altar magnetiza as pessoas. Nos relacionamentos pessoais eles exibem charme e autoconfiança. Como administradores, eles competem com altos executivos de grandes empresas. Mas reconheçamos. Não há muitos desta raça de gatos ao redor. Verdadeiros astros são poucos e distantes. A grande maioria de pastores deve viver em frustração se eles trabalham numa situação que exija um astro.

Em alguns sistemas eclesiásticos, o pastor tende a tornar-se uma marionete ao invés de uma estrela. Ele não tem autonomia como líder para tomar o controle de coisas e fazer acontecer. Ele tem muitas barreiras entre ele e o que ele quer executar. Então ele se torna uma marionete política, se comprometendo em toda parte e tentando manter todo mundo feliz. Isso também é frustrante.

Se um pastor se tornar uma estrela ou uma marionete, ele está sendo mal direcionado. Seu verdadeiro papel não é ser nenhuma destas coisas. Ao invés disso ele deve ser um equipador dos santos.

Muito mais pavoroso do que acontece com o pastor é o que acontece com a igreja. Todavia a tendência é entrar em uma das duas direções. O resultado geralmente é ou a mediocridade ou a subculturalização.

Vamos traçar como isso funciona.

Note que estamos falando aqui de resultados. A igreja-como-um-campo pode não apresentar nenhuma marca de mediocridade em princípio. Pelo contrário, há provavelmente grande empolgação na primeira geração. Aquele grupo de pessoas com os quais a igreja foi fundada é abençoado por Deus. Eles são empolgados, as coisas estão acontecendo, o orçamento é sempre cumprido, a construção está acontecendo, novas pessoas chegam a cada domingo. Todos estão despertados. Aleluia!

Mas a segunda geração é diferente, e eu não estou me referindo às crianças da primeira geração. Estou falando da segunda onda de pessoas que formaram a igreja depois que ela estava bem estabelecida. O templo está pronto. As entradas são adequadas.

A organização está funcionando. A igreja entrou no que eu chamo de uma segunda geração danificada. Todos estão muito confortáveis agora. A programação da igreja está caminhando muito bem. O tempo de sacrifício pessoal acabou. As pessoas se sentam para desfrutar dos frutos do seu trabalho – ou do trabalho da primeira geração.

O palco está pronto para a mediocridade da terceira geração. Não tem muita coisa acontecendo mais. Os rostos mudam à medida que as pessoas e os pastores chegam e vão, mas é só isso. Até mesmo as tentativas desesperadas de sacudir as coisas, de tornar a se mover novamente, têm poucos efeitos. Os pastores ficam desanimados e saem, ou se entregam à mediocridade junto com a igreja. Eles procuram se aposentar cedo, por assim dizer, perdendo a esperança de alguma coisa significante acontecer, mas, se mantendo na rotina de qualquer forma. Isso é um estilo de vida.

Que Deus ajude o pobre pastor, que acaba ficando com a mediocridade da terceira geração. Mas francamente, eu penso que aí é que muitos pastores estão. É por isso que eles jogam baralho. Eles trocam este pastorado e sua mediocridade por aquele pastorado e sua mediocridade. Eles extraem disso, por volta de um ano e meio de lua de mel, e depois começam a procurar por outra igreja. A mediocridade está sempre procurando por uma saída. Dê a ela um pouco de liberdade e ela poderá desfrutar de uma lua de mel com você por um tempo. Mas ela sempre dará um jeito de retornar, se você não mudar conceitos básicos.

A única esperança é o surgimento de um novo astro que consiga aproveitar o dia e nos mover a coisas maiores e melhores e nos conduzir às alturas para Jesus.

Se a igreja-como-um-campo não der um fim à mediocridade, ela acabará em subculturalização. Ou pode se tornar ao mesmo tempo, medíocre e subculturalizada. Uma subcultura é um sistema separado dentro de um sistema. Ela define seu próprio estilo de vida, tem seu próprio discurso, e tende a externar suas qualidades espirituais básicas. Ela desenvolve a sua própria comunidade. Quando uma igreja subculturaliza, ela se torna, como disse um escritor, "uma ilha de irrelevância num mar de desespero."

Isto é, penso eu, um grande perigo para a igreja cristã. Eu vejo grandes segmentos da igreja indo nesta direção ou já estando lá. A tendência sempre é estabelecer uma comunidade em que haja uniformidade. Desta forma não temos que nos preocupar com erros nem com a falta de previsibilidade se infiltrando. A igreja então, tem a tendência de, na onda do avivamento, pegar o resultado daquele avivamento e institucionalizá-lo. Anos depois, a instituição permanecerá, mas a vida já terá ido embora faz tempo.

Nós tentamos entrar na rodovia da subcultura na East Hill no início. Não sabíamos nada melhor. Nós tínhamos um grupo muito unido de mais ou menos dez famílias, e nosso alvo básico era solucionar todos os nossos problemas, manter nosso grupo intacto, e aumentar nossa pequena comunidade.

Nós tínhamos uma visão de estabelecer uma comuna cristã. Nunca conseguimos estabelecer porque sempre chegava alguém que não se parecia conosco, que não falava como nós, e que não se importava com a nossa pequena comunidade. Nós sempre tínhamos que converter aquelas pessoas ao nosso conceito de comunidade.

Finalmente começamos a entender a mensagem. Eu estava orando um dia para o Senhor me dar a comunidade e o Senhor me interrompeu. "Nunca mais ore por isso", Ele disse. Eu não irei te dar uma comunidade. Ao invés disso eu quero que você ore, "Senhor, dê a mim para a comunidade."

Foi assim que eu finalmente acordei para o fato que Deus não queria que fôssemos uma subcultura separada, Ele queria que nós penetrássemos em todos os segmentos da sociedade na qual Ele nos posicionou.

Jesus disse, "Vocês são o sal da terra" (Mt 5.13). Para que o sal tenha qualquer efeito, precisa ser misturado com a substância que precisa do sal. Ninguém com exceção de um colecionador, segura um saleiro e fica admirando. Uma igreja subculturalizada é como um saleiro em exposição.

Se por um lado, a igreja como um campo se inclinar para a mediocridade, ou por outro lado, para a subcultura, o resultado é o mesmo. O mundo conclui que a religião pode ser boa para alguns, mas é irrelevante para a vida real. E o cristianismo é apenas uma outra religião irrelevante.

Obviamente estas são generalizações extremas. Mas são conceitos que precisam ser trabalhados para que se chegue numa definição adequada da igreja.

A Igreja como uma Força

A igreja é um povo, equipado para servir e suprir necessidades em todos os lugares em nome de Jesus.

Não subestime a frase precedente. Este conceito de igreja vai afetar tudo: a forma que pastores pregam, a forma que a igreja é organizada e promovida, a forma que os programas são desenvolvidos, e a maneira que os templos são projetados.

Este conceito de igreja é tão decisivo que se você não o vê no contexto que eu acabo de sugerir, você não sabe do que eu estou falando.

Entre outras coisas, eu estou dizendo que precisamos direcionar a igreja para fora do profissionalismo e para as mãos de pessoas que não sabem o que estão fazendo.

Eu quero dizer por experiência em primeira mão, que esta diretriz é assustadora e por vezes totalmente ridícula, mas sempre, a meu ver, necessária.

Como fizemos com a igreja-como-um-campo, vamos examinar as ênfases, os objetivos, o ministério, e a motivação da igreja-como-uma-força, e considerar os resultados.

O que a igreja-como-uma-força enfatiza? Neste conceito de igreja-como-uma-força, o campo é o mundo, como Jesus disse. É aí que a obra deve ser feita. As ênfases no modelo de igreja-como-um-campo são visibilidade, organização, programa e promoção. As ênfases da igreja-como-uma-força são adoração, treinamento e comunhão, porque estas são as coisas que geram pessoas cheias do Espírito, que podem suprir as necessidades dos outros em nome de Jesus.

Quando nosso povo se reúne aos domingos e nas quintas, eles não são a igreja em ação. Participar de cultos não é servir ao Senhor. Os cultos são para o que podemos chamar de D e R, descanso e restauração, e isso inclui adoração e celebração. Juntos, nós cantamos, aplaudimos, louvamos a Deus, adoramos, nos encontramos uns com os outros, e falamos sobre Jesus. Não ouvimos nada profano nem piadas sujas. É tremendo. É diversão não adulterada e alegria num ambiente amável, limpo e puro.

Quando nos encontramos, lemos a Bíblia e o Senhor fala conosco de várias maneiras. Os irmãos com mais dons que nós em certas áreas, nos ministram. Nós gostamos demais disso. Somos curados. Nossas vidas são transformadas. Recebemos bênçãos tremendas. Para quê? Para que possamos nos unir e repetir as mesmas coisas na quinta à noite, pois até lá precisaremos ser renovados de novo? Não! A igreja descansa e é restaurada nos cultos para que ela possa trabalhar no mundo durante toda a semana.

A igreja está trabalhando agora. As pessoas estão sentadas nas mesas de diretoria onde trabalham. Elas estão dirigindo táxis, caminhões e ônibus. Elas estão em reuniões nas câmaras legislativas, nos escritórios de comissários. Elas estão lecionando. Elas estão tirando leite das vacas. Elas estão trocando fraudas. Elas estão por toda a parte na comunidade.

Quando nos reunirmos da próxima vez, iremos compartilhar o que está acontecendo. Vamos nos alegrar juntos sobre as nossas vitórias e orar por nossas necessidades. Algumas pessoas que estarão presentes, são aquelas que foram atingidas na obra da igreja no mundo. Elas irão começar a entender do que se trata o estilo de vida de Jesus. É algo poderoso.

Nós adoramos, oramos, comungamos e aprendemos.

Quais objetivos estabelecemos? A igreja-como-um-campo tem objetivos expressos em números, orçamento e instalações. A igreja-como-uma-força tem objetivos que são pessoais e individuais: Nós queremos que cada membro seja inteiro, equipado, e liberado ao mundo para ministrar. Nosso pressuposto básico é que o Espírito Santo que enche o pastor possa encher cada crente que recebe a pregação do pastor. E cada crente é potencialmente capaz de ministrar tão seguramente quanto o pastor é, embora talvez de forma diferente.

O papel do pastor é ajudar os cristãos viver na luz da verdade. Cristãos evangélicos tendem a ter muito de religião em seus corações, uma boa dose em suas mentes, mas nada nos pés. E um cristianismo que não anda ao redor com sapatos, não vale muito. Ele tem que andar com sapatos, todos os tipos de sapatos – sandálias, botas, saltos, e sapatos de camurça. Tem que andar. O papel do pastor é ensinar as pessoas como absorver o cristianismo e andar corretamente. Se nós apenas ensinarmos a como pensar e sentir o cristianismo, e não como andar, estamos fracassando.

Muitos membros de igreja estão contentes em assistir o pastor andar. "O Pastor fez 435 telefonemas neste mês!" E o pobre pastor está mastigando Rolaids (pastilhas Antiácido), tomando Maalox (Antiácido/Anti refluxo), suas bochechas estão afundadas, sua face está pálida. E as pessoas chegam no domingo e ficam chateadas porque ele não as alimenta com carne. O melhor que ele consegue fazer é servi-los um pouquinho de sopa aquecida. Ele tem estado ocupado.

Você está me acompanhando? Não é o meu trabalho como pastor ministrar todas as necessidades da igreja. Eu não tenho essa intenção. Meu trabalho é ensinar todos da igreja a como ministrar.

A Bíblia diz que os pastores devem preparar o povo de Deus para a obra do ministério, para que o corpo de Cristo possa ser edificado (veja Ef 4.12). Preste muita atenção nesta Escritura porque ela é fundamental para o conceito de igreja-como-uma-força.

Preparar o povo de Deus – este é o meu trabalho, e isto é uma história totalmente diferente do que cumprir o ministério sozinho. A igreja precisa posicionar seus membros numa atmosfera saudável de amor, aceitação e perdão. Nós temos que conduzir as pessoas à inteireza nesta atmosfera, equipá-las, e depois liberá-las.

Qual o ministério da igreja-como-uma-força? O resultado automático de uma grande cura é uma grande evangelização. À medida que as pessoas atingem inteireza, elas ministram e outras pessoas são tocadas.

Quando a igreja é uma força, a tendência que a igreja-como-um-campo tem para que o ministério seja feito apenas por profissionais, se inclina para um ministério executado por todos os crentes. Junto com isso vem uma alteração, até mesmo uma dissolução do tradicional papel do clero leigo. Isso é fácil

Amor, Aceitação e Perdão

de falar, mas difícil de fazer numa igreja estabelecida. As pessoas não sabem como deixar isso acontecer. Elas não sabem como cooperar com um pastor que na realidade, espera que as pessoas continuem o ministério. Elas praticamente exigem que o pastor faça a obra.

A demolição da distinção do clero leigo é também assustadora para os pastores. O pastor está perdendo sua zona de conforto e se sente vulnerável. As pessoas sabem que ele é tão humano quanto qualquer outra pessoa, embora ele seja o pastor. Isso é muito ameaçador para alguns homens. Eles temem que não serão mais respeitados e, que a sua capacidade de liderança será prejudicada. Alguns homens são até ensinados no seminário a não serem amigos dos membros da igreja – para manterem uma "distância saudável" das pessoas.

Os pastores são na verdade tão humanos e falíveis como qualquer outra pessoa. Para que a encenação, então? Para que serve uma liderança que tem que depender da falsidade para a sua força?

Eu não acredito em relacionamentos verticais na igreja. Eu não acredito no surgimento de uma elite na igreja. Veja, eu não tenho poder sobre alguém simplesmente pela virtude do fato de ser um pastor. A única maneira que eu posso operar como um pastor na vida de alguém é se a pessoa me permitir. Se ela não quiser, não há nada que eu possa fazer. Eu não tenho poder para fazer alguém se inclinar.

Eu poderia ameaçar as pessoas. Eu poderia estabelecer um sistema de pressão política. Mas como pastor, eu tenho que tratar individualmente das pessoas. Para fazer isso, eu tenho que ser uma pessoa autêntica. Isso significa que eu tenho que correr o risco de ser aberto e transparente.

Ser aberto é assustador. E em alguns relacionamentos isso é profundamente arriscado, como descreve o James D.Mallory Jr.:

> Um dia, numa aula de Escola Dominical sobre o amor dentro da família, Betsy admitiu que em alguns momentos ela tinha sentimentos de ódio por mim ou pelas crianças. Os outros membros da classe certamente não estavam acostumados com tanta honestidade e imediatamente se esconderam atrás de um manto de piedade, sugerindo que eles deveriam orar pela pobre Betsy, que obviamente estava em maus lençóis como uma cristã.
>
> Muitos têm medo de correr o risco que a Betsy correu porque os outros podem pensar que eles não são bons cristãos se eles admitirem algumas das tolices que fazem e os pensamentos e sentimentos destrutivos que eles têm.
>
> Entretanto, a honestidade da Betsy na sala acabou tendo sua recompensa, e outros começaram a compartilhar alguns de seus problemas. Eles começaram a operar como o corpo de Cristo deve operar. Eles podiam orar honestamente e especificamente uns pelos outros.[1]

Na igreja-como-uma-força há um clima de amor, aceitação e perdão. O pastor não está vivendo uma vida de fingimento como se ele fosse de alguma forma, diferente e melhor que os outros. Esses dois elementos, por eles mesmos, contribuem muito para tornar a igreja um lugar de comunhão sadia onde nossas Betsys e todos os outros possam ser reais e a abertos.

Na igreja-como-uma-força, a liderança pastoral também é constantemente empenhada em facilitar o ministério dos

---

[1] James D. Mallory and Stanley Bardwin, *The Kink and I* (Wheaton, II Victor Books, 1973).

membros. Isso significa que o pastor, cuidadosamente, evita usurpar este ministério. Ele não faz o trabalho para as pessoas, antes, as envolve para que elas mesmas façam.

Um homem pediu para que eu orasse com ele sobre sua situação de moradia. Ele morava num grande complexo de apartamentos e sentia-se como Ló em Sodoma, por causa das coisas que aconteciam lá. Ele realmente queria mudar. Nossa igreja poderia ter respondido àquela situação de maneiras diferentes. Poderíamos ter construído e gerenciado nossos próprios apartamentos lá. Financeiramente, poderíamos ter arcado com tudo, sem problemas. Nós já tínhamos recebido aquela proposta e havia terreno para construir. Mas essa não foi a nossa escolha. Se fôssemos construir um condomínio, iríamos limitar o percentual de cristãos que morariam ali.

Entretanto, eu não poderia apenas dizer para aquele homem, "Não, eu não vou orar com você. "Fique lá e resista."

Eu disse, "Ouça, você não está lá por acaso. Vamos começar a trabalhar e facilitar o ministério para você. Vamos orar. Vamos jejuar, e veremos o que o Senhor nos diz."

Eu logo descobri muitas outras pessoas em nossa igreja que estavam em circunstâncias parecidas. Um domingo à noite, depois do culto, reunimos todos que moravam em apartamentos; uma sala cheia de pessoas. Eu disse, "Quantos de vocês querem mudar de residência?" Muitos levantaram suas mãos. Eu disse, "E se parássemos de pedir a Deus por um lugar para nos mudar, e começássemos a pedir-lhe uma maneira de contagiar o local que moramos? Como podemos ter um surto tão grande de cristianismo que nos tornemos uma epidemia?"

Eles se animaram. A primeira coisa que eles quiseram foi que eu designasse um membro da equipe para dar um estudo bíblico em seus apartamentos. Eu disse, "Não, eu não farei isso.

Isso é uma loucura. Para que aumentar a equipe? Vocês moram lá. Quantos de vocês estão cheios do Espírito Santo?"

Então eles pensaram que eu estava dizendo, "Vão lá na piscina todo domingo de manhã, coloquem um púlpito, abram a Bíblia, e digam "ouçam, ouçam!" Eu não estava dizendo isso, de forma alguma.

"Eu estou simplesmente dizendo para estarem abertos para o ministério," eu expliquei. "O que isso significa para vocês?"

Um irmão decidiu que ele deveria escrever seu testemunho e fixá-lo no quadro de avisos. Ele era o encarregado de um condomínio com 400 estudantes da Mt. Hood Community College (Faculdade). E meses antes disso, ele era um barman.

Ele fixou seu testemunho no quadro de avisos, onde ficam todas as mensagens; e anexou uma nota, "Se você quiser falar sobre isso, me procure – ass. Síndico". Um fluxo constante de pessoas começou a se achegar a ele.

Ora, não seria uma tolice deslocar aquele homem para a equipe da igreja? Ou contratar outro como ministro de evangelismo para o condomínio? Ministério significa pessoas cheias do Espírito Santo suprindo as necessidades de outras pessoas em nome de Jesus.

Qual é a motivação da igreja-como-uma-força? O que estamos tentando realizar? Estamos tentando trazer cura ao homem em sua totalidade, em cada área da vida das pessoas. Não estamos aqui para usar ou explorar pessoas, como é a tentação da igreja-como-um-campo.

A igreja-como-uma-força se torna uma agência de cura na comunidade, não um lugar de refúgio da comunidade. Nem tão pouco, a igreja é uma competidora com o mundo. Nós não queremos competir, mas mudar prioridades para que a família, escola, vocação, entretenimento e o restante tomem seus devidos lugares.

Por exemplo, algo tremendo que estamos desenvolvendo agora é o conceito de pais e filhos gastarem 12 anos ou mais juntos como uma unidade saudável no sistema de escola pública. Isto, para mim, é uma alternativa fantástica para iniciarmos nossas próprias escolas. Eu não sou contra escolas cristãs, mas este não é o chamado de Deus para nossa igreja local. Eu não sou contra faculdades cristãs, mas eu penso que crentes que não tiveram um histórico cristão deveriam ser os alunos. Cristãos que passaram a vida toda na igreja, deveriam ser alunos das faculdades seculares.

Nós não estamos no mundo para competir, mas para mudar prioridades. Eu não me importo se todas as famílias em nossa igreja tenham uma televisão ou várias. Eu me importo se elas entendem prioridade, o suficiente, para saber quando ligar e desligar. E isso não vem por eu analisar a programação da TV com eles todos os domingos para lhes dizer os programas recomendados ou colocar os programas aprovados no boletim da igreja.

O conceito de igreja-como-uma-força não é isento de perigos em potencial. Muitos pastores ficam nervosos quando o ministério está nas mãos de pessoas leigas. Pessoas comuns começam a sair em todas as direções, testemunhando, cuidando, orando pelos enfermos e opressos. O pastor talvez nem saiba tudo o que está acontecendo e pode começar a sentir que as coisas estão fora de controle.

Na verdade, as coisas estão fora de controle, mas um pastor não precisa ficar intimidado por isso. Eu decidi que se somente o que eu posso controlar é permitido acontecer em nossa congregação, quase nada vai acontecer.

Na igreja-como-uma-força o papel pastoral é dinâmico e em constante refinamento. Isso também é ameaçador para muitos pastores. Veja, à medida que a igreja está desenvolvendo o papel pastoral, está desenvolvendo também dentro deste contexto. Eu estou fazendo coisas diferentes agora do que eu fazia um ano atrás, e nunca paro de mudar. Eu tenho que continuar respondendo o que Deus está realizando no Corpo.

Outro perigo na igreja-como-uma-força é a confusão que acontece por causa das estruturas não tradicionais e padrões de ação. As pessoas que chegam até nós com a mentalidade de campo, profundamente entranhada, não nos entende. Nós sempre teremos que educar uma nova leva de pessoas. Em três anos fomos de 500 para 3.000 membros. Isso nos deu um grande trabalho a fazer para comunicar os princípios sobre os quais nossa igreja está estabelecida.

Além desses e outros possíveis perigos, os resultados da igreja-como-uma-força são maravilhosos. A verdadeira função pastoral – equipar os santos para a obra do ministério – está preservada. Isso é vitalmente importante, pois de acordo com as Escrituras, esta é a única função verdadeira que um pastor tem. É isso. E quanto mais um pastor puder se dedicar a este único trabalho, ele cumprirá seu ministério.

O ministério dos membros também é preservado sob este modelo de igreja, e isso também é crucial. Eu tenho percebido que as pessoas ficam empolgadas quando têm uma razão para serem cristãs, além da razão de se livrar do inferno.

As pessoas ficam entediadas de apenas esperarem chegar no céu. Então o que elas fazem? Elas começam a reclamar, se queixar, fofocar. A razão que elas ficam entediadas é porque não sabem para que foram salvas. Elas sabem de onde foram salvas e para onde são salvas, mas não sabem para que foram salvas.

Francamente, os cristãos ficam cansados de ouvir sermões evangelísticos continuamente. Muitos pastores tentam evangelizar audiências compostas de 99% de cristãos. "Mas e se tiver um pecador lá?" Eles perguntam. Eu respondo que se um pecador estiver lá, e ele conseguir resistir a um autêntico louvor, à adoração e à comunhão, ele é uma criatura incrível. Se ele resistir a isso, nenhum sermão que você possa pregar irá atingi-lo.

Com muita frequência nos encontramos pregando para uma minoria enquanto a maioria está sentada, totalmente entediada e se perguntando: *Mas o que que eu estou fazendo aqui?* A única razão que pode justificar a sua vinda é por ter trazido um pecador. Depois pode ir para casa e dizer, "Bom, eu certamente não recebi nada, mas pelo menos o pastor falou com meu vizinho."

A maior crítica que as pessoas fazem de seu pastor não é que ele não as ama ou que não cuida delas, mas que ele não as alimenta. Isto é aterrorizante quando, na verdade, o papel fundamental do pastor é equipar os santos para fazer a obra do ministério.

Quando os santos começam a executar o ministério, eles ficam animados, e a igreja verdadeiramente se torna uma força para Deus no mundo.

Capítulo Quatro

Pessoas Equipadas para Servir

Uma jovem chamada Jackie, relativamente nova convertida, entrou numa grande loja de descontos em Portland. Quando ela passou pela sessão de medicamentos, notou uma mulher recostada no balcão, obviamente muito doente. Jackie sentiu um impulso para parar e orar com a mulher, mas fez o que 90% de nós faríamos e disse consigo, "Não, ela pensaria que sou louca."

Jackie fez suas compras e na saída passou pelo balcão de medicamentos novamente. A mulher estava, neste momento, sentada numa cadeira, obviamente ainda muito doente. E novamente Jackie foi tocada, "Vá, fale com ela, ore com ela."

Jackie se aproximou da porta, mas simplesmente não conseguiu sair. Então ela decidiu se tornar uma clássica tola para Jesus. Ela foi até lá, sentou-se ao lado da mulher enferma, segurou em sua mão e disse, "Eu vejo que a senhora está muito doente e eu não quero que pense que estou me impondo, mas eu sou cristã. A senhora se importa se eu orar pela senhora?"

A mulher começou a chorar. Ela disse, "Eu tenho estado doente por muito tempo."

Jackie segurou sua mão e com os olhos abertos, disse, "Senhor Jesus, eu sei que o Senhor ama esta senhora, e sei que o Senhor não quer que ela esteja doente. Só porque o Senhor a ama, cure-a e mostre para ela o quanto o Senhor se importa com ela."

Só isso. Elas trocaram números de telefone e a Jackie foi para casa.

No dia seguinte a Jackie recebeu um telefonema da mulher, pedindo que ela fosse até a sua casa. Jackie foi. O esposo da mulher faltou no trabalho para conhecer a Jackie. A medicação que a mulher comprou no dia anterior estava fechada em cima da mesa da cozinha. A mulher e seu esposo estavam em pé chorando.

A mulher disse. "quando eu cheguei em casa, fui para a cama e dormi a noite toda. Sabe, eu não durmo a noite toda há anos." Devido à sua enfermidade, ela dormia apenas por pequenos períodos e tinha que se levantar para tomar remédio. O marido dela pensou que ela tivesse morrido. Ele chegou e a acordou para perguntar-lhe se ela estava bem. Ela disse que estava se sentindo ótima.

Ele disse, "Mas, você não tomou seu remédio".

Ela disse, "Eu sei, mas eu dormi a noite toda".

Ela então contou ao seu esposo o que acontecera na loja. E ele quis conhecer a Jackie.

Eles não sabiam praticamente nada sobre o evangelho. A Jackie lhes explicou o amor de Jesus, como eles poderiam se livrar de seus pecados, e como Jesus quer as pessoas bem, não apenas fisicamente, mas no interior. E os dois creram em Jesus Cristo.

Equipados no Espírito

Eu creio que a experiência da Jackie foi um exemplo do dom de cura operando no mercado (literalmente, pois isto ocorreu num shopping center). Os dons do Espírito, como eu entendo, são maneiras de Deus alcançar os homens e suprir suas necessidades através dos crentes. Eu não creio que os dons espirituais foram designados primariamente para o templo. Alguns deles podem ser operados lá, tudo bem. Mas muitos deles foram primariamente designados para a rua.

Uma palavra de sabedoria, por exemplo, não deveria ser necessária no Corpo de Cristo. Por quê? Porque nós temos a mente de Cristo (veja 1Co 2.16). Embora, cristãos de todas as partes estão tentando receber uma palavra de alguém.

Todo o lugar que eu vou, alguém me pergunta, "Você tem uma palavra de Deus para mim?"

Eu digo, "Sim, eu tenho uma palavra para você. Medite na Bíblia."

A Bíblia diz que há diversidade de dons, mas um só Espírito (veja 1Co 12.4). A palavra dom aqui é carisma, que significa uma extensão de graça. Como a graça de Deus é estendida neste mundo? Através destes carismas, destes dons, destas habilidades. É assim que estendemos a graça de Deus. Você percebe que quando fala a sabedoria de Deus para alguém, você está exercitando um dom espiritual mesmo que você não perceba?

Algumas vezes parecemos pensar que uma trombeta deve tocar e uma voz trêmula deve irromper, "Assim diz o Senhor. Ok, teremos uma profecia agora." Você pode se imaginar indo a um local público e fazendo isso? Você vê alguém no Novo Testamento operando desta maneira no exercício do dom de profecia? Ninguém. Isso não acontece. Por que engarrafar o dom de profecia num odre que não funciona fora do templo? E tê-lo tão assustador no templo que as pessoas sem contato anterior com o clube, ao vê-lo, saiam correndo de medo?

Eu creio nos dons do Espírito. Mas eu não creio que a versão King James em inglês seja a única linguagem que o Espírito sabe ou conhece. Jesus não usou aquela linguagem quando estava aqui na Terra. Ele usou a linguagem da época. Por que o Espírito Santo falaria agora na linguagem de quatro séculos atrás?

Eu creio que em nossas conversas com pessoas que estão questionando e confusas, nós podemos profetizar, ou dar uma palavra de sabedoria para aquela pessoa e nem mesmo saber que o Espírito nos usou. Depois, pensamos: uau, de onde eu recebi aquela inspiração? Onde está meu caderno: eu tenho que anotar aquilo.

O que aconteceu? A vida do Espírito de Cristo se moveu através de nós. Este é o fluir natural da vida de Jesus estendendo a graça de Deus ao mundo, trazendo Deus para os homens.

Ver os dons espirituais operando no mercado me empolga. De repente eu vejo o cristianismo operando onde as pessoas vivem. Você não precisa levá-las a um templo. Depois, quando elas forem, você lhes contará o que elas receberam e as enviará para fora.

Os cristãos em geral não sabem que dons eles têm por que não os veem em operação no dia a dia do mundo. Eles ouvem falar sobre os dons e talvez vejam uma demonstração num

Quatro. Pessoas Equipadas para Servir

culto, mas não vejam o pastor ou outra pessoa qualquer ministrar no mercado. Eles veem os dons sendo exercitados somente pelos profissionais e no ambiente de culto.

Este conceito precisa ser quebrado. Não há nada que Jesus fez quando andou nesta terra que Ele não possa fazer através de qualquer cristão. Mas as pessoas não sabem disso, elas não sabem o que fazer sobre isso, e elas não têm a confiança de seus líderes para irem adiante e ministrar.

O que estou dizendo é isso: As pessoas que são cheias do Espírito Santo já estão basicamente equipadas para o ministério. O que a igreja precisa fazer é ajudar as pessoas a entender essa verdade, e não as enganar com o pensamento que elas são de alguma forma, desqualificadas para servir.

O cristianismo não é difícil de comunicar. É simples. Nós o tornamos difícil pelos nossos esforços extremos. Nós damos cursos para ganhar almas que duram oito semanas ou oito meses. Com isso informamos nosso povo o quão difícil é ganhar alguém para Cristo.

Como resultado, os cristãos têm muito medo de falar de Jesus para alguém. Eles memorizam todas as possíveis perguntas que um não cristão possa perguntar, bem como as respostas corretas – eles querem ter toda a base coberta. Quando eles terminam essa parte, nós dizemos que eles estão equipados. Eles não estão equipados, eles estão incapacitados. Nós os tornamos tão desejosos em martelar as pessoas com a Bíblia, dando-lhes respostas, que eles esquecem que há uma pessoa ali – machucada.

Talvez a resposta correta não ajudará. Talvez o que um amigo ou um vizinho precisa é de uma xícara de café para beber e um braço ao redor do seu ombro. Alguém para ouvir e cuidar. Alguém para exercer o maior dom espiritual de todos – o amor. Não precisa ser profissional para amar.

Nós chamamos especialistas ao redor do país para ensinar sobre o Espírito Santo. Isto informa ao nosso povo o quão difícil é ser cheio do Espírito Santo.

Contratamos evangelistas de todas as partes do mundo para vir e conduzir nossas campanhas de cura. Isto informa que somente um especialista pode ministrar cura.

Compramos espaço em nossos jornais locais e dizemos, "Venha, ouça a palavra de sabedoria, a palavra de conhecimento, e veja os dons do Espírito em operação através deste homem." Isso informa ao nosso povo que a não ser que você seja o tipo de pessoa que possa ser anunciada num jornal, os dons do Espírito não operarão em você efetivamente.

Temos grandes cruzadas de libertação. Por quê? Tudo o que alguém precisa fazer para ter poder sobre o diabo é ter mais poder do que ele tem. Qualquer crente cheio do Espírito tem esse poder. O nome de Jesus é poderoso na boca de um crente. Ele não é mais poderoso na minha boca do que ele é na boca de qualquer crente.

Nós criamos especialidades no ministério. Tornamos o culto cristão difícil. A razão que o tornamos tão difícil algumas vezes, é para massagear o ego daqueles que querem ser especialistas. Eu tenho visto ministérios especialistas entrando e saindo. Deus os usa, porque Ele usará tudo o máximo que puder, mas na maioria das vezes, eles são levantados para a satisfação do ego de homens.

A cura das memórias é um ministério interessante. É uma especialidade. Eu creio que há coisas velhas em nossas vidas que precisam ser curadas, mas eu não acho que precisamos tornar isto uma especialidade. "De maneira que, se alguém está em Cristo, nova criatura é; as coisas velhas se passaram; eis que tudo se fez novo." (2Co 5.17). Falar e orar com outro cristão pode ajudar, mas não precisa de 175 sessões para fazer isso. O que o Espírito Santo fazia antes de existir tal coisa como a cura da memória? Ele tem curado e tornado pessoas inteiras por muito tempo.

A liderança da igreja tem pecado contra o Corpo de Cristo, informando ao povo de Deus que ele não é adequado para servi-Lo. Eu me lembro de um dia quando tive que me levantar da minha cadeira no meu escritório e cair de cara no tapete, pedindo a Deus que me perdoasse, porque Ele me mostrou claramente que seria responsável por cada ministério que eu roubei das pessoas. E eu tinha uma lista deles. Eu pedi para Deus me mostrar como evitar isso no futuro.

Eu ainda falho algumas vezes. A pressão de querer que as coisas funcionem é grande. "Queremos ir ao topo por Jesus." Temos que ser maiores neste ano do que éramos no ano passado. Mas em nome de ter a obra feita, não podemos tirar o ministério das pessoas que Deus escolheu para realizar.

Confinar a operação dos dons espirituais ao templo ou à profissionais é pertinente à mentalidade da igreja-como-um-campo. Mas não é pertinente à igreja-como-uma-força. E mais importante, não é pertinente às Escrituras.

Equipados na Palavra

Nós falamos que as pessoas que são cheias do Espírito Santo são basicamente equipadas para o ministério. O que elas precisam, além disso, é ser equipadas na Palavra. Com isto eu não quero dizer que elas têm que aprender as provas textuais, que podem ser usadas para conduzir os pecadores à submissão. Quero dizer que elas precisam aprender os princípios bíblicos que lhes tornarão o que devem ser como cristãs.

A verdade precisa ser comunicada às pessoas, e isso é feito primariamente através do simples e direto ensino da Palavra de Deus. O ponto inicial é ensinar às pessoas quem elas são em Jesus – verdade posicional. Quem eu sou? Eu sou mais do que um simples pecador salvo. O que significa ser salvo? Quais são as implicações disso? A carta aos Efésios é ótima para isso.

Uma vez que a pessoa entende quem ela é e o que ela tem, ela vai experimentar os conceitos. Quando esse processo se inicia, o pastor terá que correr para acompanhar as pessoas ao invés de sempre tentar elaborar uma forma para fazê-las se moverem.

Eu sou convicto que uma pura, crua e direta exposição à Palavra de Deus mudará completamente as pessoas. Na verdade, muitos pastores fariam um favor às suas congregações se eles parassem de tentar pregar, se sentassem, abrissem a Bíblia e a lessem em voz alta. Você pode apostar que 90% das pessoas não estão lendo sozinhas.

Nós fizemos algo fenomenal em nossos cultos – lemos o livro de Apocalipse. O livro de Apocalipse tinha acabado de me bombardear. Eu estava muito cansado de gráficos. Entretanto, está escrito: "Bem-aventurado aquele que lê e os que ouvem as palavras desta profecia e guardam as coisas que nela estão escritas, porque o tempo está próximo" (Ap 1.3). Não está escrito: "bem-aventurado é aquele que entende tudo ou compreende um pouco melhor do que o seu próximo."

Eu descobri que o primeiro livro que um típico novo convertido quer ler é Apocalipse. Eu frequentemente pensava: *o diabo sujo quer confundi-lo*. Um dia, um outro pensamento me invadiu: *Você não acha que o desejo pode ter sido gerado pelo Espírito Santo?*

"Senhor, por que o Senhor levaria um recém-nascido para o livro de Apocalipse – com suas bestas e com suas coisas esquisitas e assustadoras?" Eu protestei.

Quatro. Pessoas Equipadas para Servir

Em meio àquela conversa, o Senhor disse, "Eu quero que você leia o livro de Apocalipse para a sua congregação, e não se atreva a fazer uma pregação sobre ele." A única coisa que eu fui autorizado a fazer além de ler, foi definir a terminologia para que entendêssemos o que as Escrituras estavam dizendo. Só isso. Nenhuma explanação expositiva de forma alguma, nem gráficos, nem livros, nem datas, nem numerologia, nem concordâncias, e nem teorização.

Gastamos seis semanas como congregação, lendo o livro do Apocalipse todo domingo à noite. A igreja estava lotada. Eu quase me senti culpado por não pregar. Nós líamos e líamos, dávamos risadas, chorávamos e nos maravilhávamos. Não descobrimos quem é o Anticristo. Não datamos o arrebatamento. Não entramos nas controvérsias da tribulação e do milênio. Eu tenho uma posição sobre esses assuntos, mas o que importa? Eu prefiro pensar que todos nós iremos dizer na subida, "espera um minuto; isso não era para acontecer agora. Meu gráfico diz isso e isso..."

O Senhor vai simplesmente piscar para Gabriel e dizer, "Veja só, Eu falei para eles que não saberiam a data, mas eles não acreditaram em mim."

Eu te digo, eu acho que nenhum dos nossos especialistas em profecia tenha acertado. Se algum deles tropeçou no plano exato, eu não ficaria surpreso se o Senhor mudasse um pouquinho as coisas, só para que esse cara não usar toda a eternidade para se gabar disso.

Nós simplesmente lemos Apocalipse. Quando terminamos, tivemos um conceito fenomenal do poder de Jesus, da soberania de Deus, da segurança que é nossa neste planeta, e do total, completo e inquestionável triunfo da igreja de Jesus Cristo. Naquela última noite, a congregação se levantou com mãos erguidas e louvou ao Senhor por quase meia hora. Eu nunca tinha visto algo tão poderoso em toda minha vida. Eu pensei, *é por isso que o Senhor leva novos convertidos ao livro de Apocalipse. O que um novo cristão precisa saber mais do que aquelas quatro coisas?* Muitos pregadores têm arrancado tanta coisa do livro de Apocalipse que quase perderam tudo.

Lemos o livro de Atos da mesma forma. Lemos a carta de Tiago. Eu não consigo pregar Tiago, isso daria uma surra nas pessoas até matar. Eu tentei. O máximo que eu consegui cobrir, pregando a carta de Tiago foram quatro ou cinco versículos e as pessoas estavam sangrando pelo chão. Eu disse: "Uau, nós temos que parar com isso. Tiago está nos martelando na parede". Eu não tenho que pregar a carta de Tiago. Eu apenas leio e o Espírito Santo aperta o povo; é uma carta pesada.

Minha principal ênfase no ensino é aplicar a Palavra em nossa vida. Para isto, eu tenho que estar imerso na Palavra. Eu tenho que vivê-la. Seus princípios têm que ser meus. Para este fim, no mínimo eu leio o livro de Salmos, o livro de Provérbios e o Novo Testamento inteiro a cada 30 dias.

Isto parece muita leitura, mas na verdade são apenas 10-14 páginas por dia, dependendo da sua Bíblia. Isso corresponde a uma média de meia-hora por dia, o equivalente a um noticiário de TV ou uma série de comédia. É muito simples cobrir uma enorme quantidade de Escrituras dessa forma. Faça isso a cada 30 dias e o que acontece? A Palavra é trabalhada dentro do seu sistema. Você será imerso no conteúdo bíblico. Depois acrescente à tua leitura o que você quiser do Antigo Testamento e outros livros.

Acrescentado à minha exposição sistemática diária à Palavra de Deus, estão meus momentos de estudo prolongado. Uma vez a cada dois meses, ou pelo menos a cada três meses, eu tiro dois a quatro dias totalmente fora da minha rotina. Eu pego suco de laranja e vou para as montanhas onde não há telefone e nada para me perturbar. Eu não suporto a minha comida, então eu não me preocupo com comida. Não se trata de um grande jejum para mim. Eu gosto de suco de laranja então eu levo umas duas garrafas – e mergulho na Palavra.

Tudo o que eu levo é uma Bíblia e um auxílio linguístico – Um Testamento no Grego e talvez um léxico. Não levo comentários. Eu não quero que meu raciocínio seja restrito nem que minha pregação seja apenas uma reformulação das ideias de outras pessoas.

Muitos pastores economizariam tempo e energia de todos os envolvidos se eles apenas comprassem comentários para o povo e lhes dissessem qual a página a ser lida a cada domingo ao invés de discorrer pelo sermão.

No outro extremo de pastores que papagaiam uns aos outros, estão aqueles que se isolam tentando ser criativos e originais. Estes pastores, por vezes, caem no sensacionalismo ou estranhas e absurdas interpretações das Escrituras. A mais precisa e mais válida forma para originalidade é ser você mesmo. Veja, eu sou um original (e assim é você). À medida que eu me "perdoo" por ser como eu sou, eu aprendo a confiar no bom julgamento de Deus em me criar como Ele fez, e começo a me aceitar, eu sou original, e não posso fazer nada a respeito. Deus fez o meu cérebro e o tutoreou, para que ninguém mais pudesse tomar a Palavra e ver exatamente o que eu vejo nela.

Uma boa pregação é abrir a Palavra e comunicar ao povo o que vemos. Só isso. Eu não preciso usar frases de efeito. Não tenho interesse em ser citado. Eu quero que minha pregação seja praticável.

"Toda a Escritura divinamente inspirada é proveitosa para ensinar, para redarguir, para corrigir, para instruir em justiça, para que o homem de Deus seja perfeito e perfeitamente instruído para toda a boa obra." (2Tm 3.16,17). É isso o que eu quero – equipar os santos para a obra. E não há como fazer isso a não ser ensinando a Palavra.

Capítulo Cinco

Liberado para Ministrar

Nossa igreja foi por um tempo muito pequena. Eu me sentava em meu escritório lendo e parecendo ocupado e esperando que alguma coisa acontecesse. Alguns dos conceitos de igreja-como-uma-força começaram a penetrar a minha mente. Percebi que o Novo Testamento ensina que os crentes devem carregar o ministério, mas eu não entendia como que eu poderia sair de onde me encontrava para onde eu deveria estar naquela questão.

Um dia, recebi um telefonema de uma mulher que tinha se convertido há apenas duas ou três semanas. Ela disse, "Eu tenho conversado com minha vizinha, e ela quer receber a Cristo. Você poderia vir aqui e falar com ela?"

Eu disse, "claro". Saí e entrei no meu carro e comecei a descer a rua. Eu não tinha descido mais do que cinco ou seis quarteirões quando o Senhor começou a falar comigo. Eu percebi num instante o que Ele estava dizendo: "Se você for lá, Eu honrarei minha Palavra e na base da fé dela em Mim, aquela mulher será salva, mas Eu irei te responsabilizar por roubar o galardão de uma de minhas ovelhas."

Eu disse, "Eu não entendo isso. Ela será salva e eu serei julgado?"

Aquilo não fazia sentido. Entretanto, a palavra do Senhor para mim foi tão forte e tão definida que eu sabia que não poderia ir. Eu fiz o retorno e voltei para o meu escritório.

No retorno eu tive um curso rápido, mas intensivo sobre relacionamento entre pastores e o povo. Eu me lembrei de uma viagem de pesca em alto mar que eu e minha esposa havíamos feito recentemente. Ela pescou um tubarão grande de quase dois metros e meio de comprimento. Ela estava tendo o momento da vida dela, tentando tirar aquele tubarão da água. Bem naquela hora um dos membros da equipe chegou, tomou a vara dela e recolheu o tubarão para ela. Que decepção. Ele levou embora a vitória dela, e ela se ressentiu com aquilo.

O Senhor disse, "Jerry, isso é exatamente o que você tem feito como pastor. Você tem corrido e tirado o ministério das pessoas, pensando que está lhes fazendo um favor. Mas eu irei te julgar por roubar os galardões delas." Isso foi pesado.

Tendo Fé no Evangelho

Eu liguei para a mulher e falei para ela que eu não poderia ir, e lhe disse o porquê.

Ela disse, "Mas eu não sei o que fazer. Eu não sei o que falar."

Eu disse, "Você conhece Jesus?"

"Bom, isso sim."

"Se você conhece alguém, você pode apresentar esta pessoa para outras, não pode? O que aconteceu quando você foi apresentada para Jesus? Alguma Escritura foi usada? Você pode usar aqueles mesmos versículos, se você quiser. Mas apenas apresente sua vizinha para Jesus da mesma maneira que você foi apresentada para Ele. Se isso funcionou para você, funcionará para ela."

Ela concordou em tentar, e oramos juntos no telefone. Em menos de uma hora, alguém estava batendo na porta do meu escritório. Ali estava a mulher e sua vizinha, ambas brilhavam como se elas tivessem luzes estroboscópicas nos rostos. Não apenas a vizinha tinha sido salva, mas as duas começaram a entender que conduzir pessoas a Cristo não é um trabalho exclusivo de poucos profissionais. Qualquer cristão pode fazer.

Na verdade, o evangelho é tão simples que até mesmo um não-cristão pode conduzir uma pessoa para Cristo. Eu conheço um caso assim. Um homem que é membro de nossa igreja por muitos anos é um ex-traficante. Ele foi conduzido a Cristo numa comunidade de amor livre no centro de Portland. Uma garota de uma comunidade de Spokane e esse cara, estavam fumando drogas juntos. Um dia ele disse para ela, "Eu gostaria de ser livre dessa droga".

Ela não era cristã, mas tinha crescido num lar cristão. Ela disse para ele, "Eu sei como você pode ser livre. Se você crer em Jesus como seu Salvador, Ele te liberta".

Ele disse, "O quê? O que isso quer dizer?"

Ela disse, "Eu não vou te contar."

"Por que não?"

"Porque aí você vai embora, se tornar um cristão e eu nunca mais vou te ver."

Ele continuou cutucando-a até que finalmente ela disse, "Tudo bem, eu vou te contar." Ela cotou Jo 3.16 e explicou para ele como ser salvo. Ele foi para um outro quarto, orou para receber Cristo, e foi liberto. Ele saiu daquele lugar e nunca mais voltou. Ela permaneceu e, até onde eu saiba, não é cristã até hoje. Essa garota não era salva, não queria ser salva, e não queria que ele fosse salvo. Entretanto, ela foi capaz de lhe contar o caminho da salvação e o poder do evangelho de salvar um homem.

Veja, o poder está no evangelho, não na apresentação nem na entrega. Paulo disse, "Porque não me envergonho do evangelho de Cristo, pois é o poder de Deus para salvação de todo que crê" (Rm 1.16).

Você vê qual é o nosso problema? Nós que representamos o evangelho não temos fé suficiente em seu poder para crer no que Paulo disse sobre ele. Incrível!

Crendo na Vida de Cristo nas Pessoas

Além de faltar fé no evangelho, há entre nós uma trágica desconfiança da vida de Cristo em outros crentes. Temos muito medo que eles venham a estragar as coisas, seja por incompetência, ou fracasso moral ou espiritual. Então não os liberamos para ministrar.

Quando se refere à incompetência, é verdade, os crentes às vezes fazem besteiras. Entretanto, esse tipo de fracasso não é limitado aos destreinados, apesar de que isso pode ser mais predominante nestes. Mas falhando ou não, nós temos que delegar o ministério para as pessoas porque este é o plano de Deus.

Se eu liberar o ministério para um irmão e fizer algo errado, nós podemos consertar juntos; tudo bem. Eu também cometo alguns erros no decorrer do caminho. As únicas pessoas que não erram são aquelas que nunca fazem nada. Nós tivemos o suficiente dessas pessoas na igreja no passado. Elas não fazem da igreja uma força.

Deus é grande o suficiente para até mesmo tornar nossas besteiras em algo positivo. Eu creio que para o Espírito Santo, os erros que os crentes cometem em sinceridade, buscando servi-Lo não são fatais para o Seu Reino nem fatais para os outros. Nós podemos confiar Nele.

Alguns pastores não permitirão que as pessoas ministrem, pois sentem que isso comprometerá a excelência do programa da igreja. Ninguém mais faz o trabalho tão bem, então o pastor ou outro profissional treinado deve fazê-lo.

Um exemplo pode ser ter um boletim bem bonito. O pastor deveria preparar o boletim sozinho para garantir que esteja bom o suficiente para não refletir negativamente na igreja? O pastor com uma mentalidade de igreja-como-uma-força percebe que há uma pergunta primaria para responder antes dessa. Para que ter um boletim? Nós realmente precisamos de um? Uma igreja de 50 pessoas que se vê quase os sete dias da semana, de forma alguma precisa de um boletim. Nós fazemos uma produção destas coisas simplesmente porque elas existem há muito tempo. Nós quase pensamos que não seríamos igreja se não tivéssemos um boletim. Absurdo. O único momento que a igreja precisa de um boletim é quando há tantas pessoas que a comunicação possa não ser efetiva sem o tal veículo.

Mas assumindo que sua igreja precise de um boletim, o que há com o problema do trabalho desleixado? Primeiro, vamos examinar os motivos aqui. Eu creio que grande parte da resistência dos pastores em liberar ministérios está ligada a um problema de ego. Dizemos que nos preocupamos com a reflexão em Cristo, resultante do trabalho medíocre. Esta é a forma espiritual de descrever. Eu acho que o que estamos realmente preocupados, frequentemente, é com a reflexão em nós.

O fato é que ninguém realmente quer fazer um trabalho desleixado. Nós precisamos treinar as pessoas para fazer suas tarefas bem. Mas dizer que elas são destreinadas, que ninguém pode fazer as coisas bem o suficiente além de nós, parece ser claramente, um problema de ego.

Um pastor era tão perfeccionista e organizado que sua filha comentou, "Até nas festas dele tinha que ter quatro pontos e uma conclusão." Adivinha quem tinha que fazer o boletim naquela igreja.

Tudo volta ao nosso propósito básico. Nós estamos ali para produzir boletins com aparência profissional e performances impecáveis? Ou estamos comprometidos em produzir pessoas que possam ministrar para Cristo e que estejam verdadeiramente envolvidas nisso?

Se estivermos edificando pessoas, temos que deixá-las aprender, fazendo. E não podemos pular na frente toda hora e tomando a vara de suas mãos para que elas não percam o peixe.

Não podemos isolar as pessoas de possíveis constrangimentos e derrotas pois o fazer isso, também é privá-las da emoção da vitória, da satisfação da tarefa feita, do privilégio de dizer, "eu fiz sozinho."

Veja, a medida de nosso sucesso como igreja não é necessariamente, quantas pessoas nós temos, mas o que está acontecendo com aquelas que estão lá, não importa se são poucas ou muitas. Todo pastor precisa perguntar a si mesmo, "Onde eu quero que as pessoas na minha congregação estejam em seu desenvolvimento pessoal daqui há um ano e daqui há cinco anos? Então ele pode trabalhar para algo muito mais significante do que ter um boletim de domingo polido ou cheio de óleo de máquina. Ele pode trabalhar no que Deus o chamou para fazer: aperfeiçoar os santos.

Além de uma falta de confiança básica na competência das pessoas, eu penso que também vejo entre muitos cristãos uma trágica desconfiança da vida de Cristo em Seu povo no que envolve seu compromisso espiritual e moral. Parece que alguns pensam que temos que colocar todos os tipos de proteção ao redor dos cristãos para mantê-los "firmes em Cristo."

Eu não entendo isso. Meu povo não quer pecar. Eles amam Jesus e estão tentando segui-Lo, assim como eu O amo e tento segui-Lo. Meu povo não precisa de um guardião para guardá-los; eles precisam de um pastor para guiá-los. E quando eles pecam, precisam de amor, aceitação e perdão, não de suspeita e rejeição.

Os pastores precisam construir a confiança das pessoas na vida de Cristo que está dentro delas, e não a destruir.

Um irmão, que não era convertido há muito tempo, veio até mim e me pediu para orar para que ele encontrasse um outro emprego. "O lugar que eu trabalho é tão podre que você não acreditaria." Ele disse. "Eu não ouço outra coisa além de linguagem indecente e piadas sujas, e não há nenhum outro cristão lá pelo que eu saiba."

Eu disse, "Eu não posso orar para você conseguir um outro emprego. Por que eu oraria para Deus tirar a única fonte de luz de um lugar escuro? Isso é uma loucura. Por que você acha que Deus nos deixa aqui na terra depois que somos salvos?"

"Eu nunca pensei nisso desta forma", ele disse. Você realmente acha...?"

"É isso o que eu vou fazer", eu disse. "Eu vou orar com você; eu quero que você me ligue todas as manhãs antes de ir trabalhar e nós iremos orar juntos para que Deus mantenha sua luz brilhando lá."

Por duas semanas ele me ligou e nós oramos juntos todas as manhãs. Depois ele parou de ligar. Uma semana depois eu o vi e disse, "Oi, estou sentindo falta do meu despertador."

Ele disse, "Escute, desde que começamos a orar, três dos caras no trabalho vieram a conhecer Cristo e eu entro cedo para que possamos ter um estudo Bíblico juntos, antes do trabalho. Eu não preciso te ligar, mas continue orando."

Eu disse, "Ok, agora provavelmente você irá receber seu novo emprego. Deus tem um núcleo de luz lá agora e eu não ficaria nem um pouco surpreso se você fosse transferido para outro lugar que esteja tão podre quanto este estava quando você começou."

A vida de Cristo é incrivelmente tenaz num crente, e temos que crer mais nisto. Tenho certeza que alguém poderia contar histórias do outro lado – como crentes se desviaram por causa de ambientes malignos. É aí que a comunhão dos crentes acontece. É para isso que serve a reunião do Corpo – para restaurar e fortalecer um ao outro. Mas, a restauração e o fortalecimento é para que possamos sair como luz no mundo, e não para que fiquemos isolados e afastados.

Vendo a Igreja como a Igreja Dele

Nós não apenas falhamos em crer na vida de Cristo nos outros crentes, mas temos a tendência de esquecer, de quem a igreja é.

Os primeiros anos que eu estava no ministério, fiquei muito frustrado. A igreja estava crescendo e eu estava recebendo o crédito, mas sabia que não havia a mínima relação entre o que estava acontecendo com o que eu estava fazendo. Eu me sentia totalmente inútil e completamente irrelevante. E de fato era.

Cinco. Liberado para Ministrar

Eu poderia ter caído num buraco e a obra de Deus teria continuado bem. Provavelmente um pouco melhor.

No final daquele ano fui internado num hospital. Eu tinha 27 anos, havia sido preparado para o ministério por nove anos, e depois de menos de um ano, pastoreando, eu estava no hospital com problema no coração e com um questionamento se eu ainda poderia continuar pastoreando.

Meu ministério, como então chamado, havia durado menos de 12 meses e sido totalmente ineficaz. Eu estava deitado em uma daquelas macas que eles usam para mover as pessoas pelo hospital. Eu disse, "Senhor, eu não entendo. Eu ainda estou todo endividado pelos nove anos de formação. Eu fiz o que pensei que o Senhor queria que eu fizesse. Porém nada disso faz sentido."

Então me veio esta pergunta: "Jerry, de quem é essa igreja?"

Eu sabia a resposta para isso. Eu fui ordenado e chamado. Aquela era a minha igreja. Essa foi a minha resposta. Algumas vezes que dou ao Senhor uma resposta errada, eu sei na mesma hora que está errada. Não que Deus me fira ou coisa parecida. Há simplesmente um silêncio divino que diz, "Isso foi realmente um absurdo." E esse foi um desses momentos.

O Senhor miraculosamente interveio em minha vida e na minha saúde naquela hora. Ele restaurou meu físico completamente. Eu estava de volta ao meu escritório em três semanas. E ali novamente me veio a pergunta: "De quem é essa igreja, Jerry?"

Uma passagem de Efésios 1 veio à minha mente. Foi para mim um despertamento, pois está escrito que a igreja "é o Seu corpo, a plenitude daquele que cumpre tudo em todos" (vs.23). Eu tinha a resposta. A igreja era Dele, Seu Corpo.

Então eu fui aos evangelhos e li a grande confissão de Pedro: "Tu és o Cristo, o Filho do Deus Vivo". Jesus respondeu, "sobre esta Rocha (sobre esta confissão da fé revelada, de Deus em Mim), eu edificarei a minha igreja, e as portas do inferno não prevalecerão contra ela" (veja Mt 16.16-18).

Eu vi o que tinha acontecido. O que eu havia edificado, as portas do inferno puderam prevalecer. Acabou. O que Deus havia edificado estava em pé. Eu entendi que Jesus edifica a Sua igreja, e que eu não apenas não tenho que edificá-la, mas não posso edificá-la. Foi isso o que tinha me dado problema. Eu estava debaixo de uma tremenda pressão de ter que edificar uma igreja.

O Senhor disse, "Esta é a minha igreja, Jerry; Eu a edificarei."

"Bom, Senhor, então o que eu tenho que fazer?"

"Apenas fique por aqui e faça o que eu te mandar," Ele disse. "Apenas esteja disponível... e tente não atrapalhar".

Uma vez que esta não é a minha igreja e que eu não tenho que edificá-la, eu também não tenho que assumir o papel de senhor sobre os membros. Eu posso liberá-los para servir a Cristo. Como eu, eles simplesmente precisam estar disponíveis para Aquele que é o Senhor da igreja. Só isso. Eles não precisam de um espetáculo. Eles também não precisam "entrar na fôrma". E eles não precisam ser parte de algum programa de evangelismo.

Liberando as Pessoas para Ministrar

Liberar as pessoas para ministrar significa libertá-las para suprirem as necessidades de outras pessoas onde e como puderem. Não precisa haver um gancho no ministério deles para trazer o pecador para dentro das quatro paredes do nosso templo.

Sejamos claros sobre o assunto. Ministrar não é convidar as pessoas para os cultos. Convidar as pessoas para cultos se chama convidar as pessoas para cultos. Ministrar é servir as pessoas.

Sem dúvida você conhece pessoas que odeiam igreja, mas precisam de amor. Por que você convidaria tal pessoa para a igreja? Qual o sentido possível em convidar pessoas que odeiam igreja, para irem na igreja? Dê a elas o que elas precisam – amor. Ame sem interesse. Se alguém está doente, ele não precisa de um convite para a igreja. Ele precisa de um crente que ore pela sua cura.

Eu pessoalmente sinto que é antiético, tentar ludibriar uma pessoa para a igreja, tornar-se amigo de alguém para que você o converta, atrair as pessoas para a igreja para que você se sinta bem e possa competir com a igreja do final da rua. Nós não estamos em competição com ninguém. E nós não precisamos de nenhum método fraudulento que deturpe quem nós somos nem o que estamos tentando fazer.

Todo toque que dermos na vida de uma pessoa, deve ser um toque autêntico. Veja, a razão pela qual temos tentado tanto trazer as pessoas ao templo, é que queremos elas e Deus juntos e imaginamos que é assim que fazemos isso acontecer. Pelo menos esta é a melhor razão. Algumas vezes nossas motivações não são tão puras assim.

Mas mesmo quando nossa motivação for pura nesta questão, nossos métodos e conceitos são com frequência, errados. Temos sido mais religiosos do que cristãos. Religião, precisamente definida, é o esforço do homem em agradar a Deus. Qualquer sistema humano designado para alcançar e agradar qualquer deus é propriamente chamado de religião. Cristianismo não é religião porque o seu foco não está no homem alcançando Deus, mas no inverso. Deus alcança o homem na pessoa de Jesus Cristo. Quando tentamos levar o homem para

Deus, então temos as coisas distorcidas. Estamos sendo religiosos ao invés de sermos cristãos. E isto, para mim, tem uma diferença enorme.

Eu chamo isso de princípio Emanuel. A respeito do nascimento de Jesus nós lemos, "Eis que a virgem conceberá e dará à luz a um filho, e o chamarão pelo nome de Emanuel, que traduzido é: Deus conosco" (Mt 1.23). Jesus era literalmente Emanuel; Ele era Deus conosco. Ele veio até nós, onde nós estávamos e nos trouxe para Deus.

Isto é cristianismo – trazer Deus para as pessoas onde elas estão. Isso significa que nós não temos que levar as pessoas para um lugar; tudo o que precisamos fazer é chegar até elas. Quando nos aproximamos e as tocamos, Deus age.

Esse não é um egoísta, esse é um cristão. "Porque Deus estava em Cristo reconciliando consigo o mundo" (2Co 519).

E o que Cristo disse sobre nós? "Assim como o Pai me enviou, também eu vos envio" (Jo 20.21). Isso significa que através do poder do Espírito Santo, nós podemos trazer Deus aos homens assim como Jesus fez.

O que Jesus fez quando Ele estava aqui? Ele curou as pessoas, e muitas delas, incidentalmente, nunca nem agradeceram. Ele ensinou as pessoas. Ele as amou. Ele compartilhou Sua vida com elas. Ele mostrou para elas o que elas poderiam ser. Ele deu direção para elas. Ele suportou seus fracassos e pacientemente lhes mostrou o melhor caminho.

Algumas pessoas responderam a Jesus e outras não. Aquelas que responderam ao toque Dele foram salvas. E Ele está trabalhando exatamente da mesma forma hoje através do Seu povo.

Isso é fascinante porque significa que não temos que esperar a comunidade vir até à igreja. Muitos pastores estão tentando levar a comunidade para a igreja. Eu não posso conceber isso. Como que eu vou trazer um milhão de pessoas para a minha igreja? Mas eu consigo conceber a ideia de levar a igreja para a comunidade. Essa é uma questão simples. Simplesmente deixe o povo ir. Eles tocam todos os estratos sociais e podem plantar sementes que produzirão vida.

Mas não podemos encorajá-los a enganar nem a explorar as pessoas. Nosso mundo tem sido extremamente explorado. Todo mundo quer alguma coisa, está sempre tramando algo ou tem uma mala de mercadorias para vender. De graça recebemos de Cristo; de graça devemos dar. Simplesmente dê, sem nada em troca. Ame as pessoas onde elas estão. Se elas nunca vierem à sua igreja, ame-as.

Outra liberação que temos que dar ao povo de Deus se refere à maneira que eles testemunham. Os pastores têm algumas vezes discutido com seu povo para não se envergonhar de Jesus, mas falar com todos que encontrarem sobre Jesus.

Eu não acredito que os cristãos tenham vergonha de Jesus. Aqueles que conheço, ficam felizes ao serem identificados com Ele. O que algumas vezes os deixam quietos não é vergonha, mas um respeito dado por Deus pelos direitos e integridade da outra pessoa.

Em situações que são enervantes e atípicas, eles não querem começar a pregar. E estão absolutamente certos sobre isso. Há um senso de propriedade profundo nas pessoas, e mesmo no nome de Jesus, elas não se sentem corretas em violar isso. Infelizmente, por causa de discussões e outras pressões, elas algumas vezes violam o senso de propriedade das pessoas, e quase sempre essa maneira de "testemunhar" acaba mal.

Nós simplesmente temos que ser naturais e reais. Se Jesus é uma pessoa real em minha vida, eu não preciso ficar muito tempo perto de você para que comece a perceber isso. E a maneira de você saber isso, é porque estou mostrando o amor de Deus por você, e não porque estou pregando para você. Nós devemos básica e simplesmente amar as pessoas.

Assim o evangelismo se torna um "serendipismo". A palavra serendipismo vem de uma das fábulas de Esopo. Os três príncipes de Serendip, sob a comissão do seu rei, partiram em busca de certas coisas de valor e riqueza imensuráveis. Enquanto andavam pela terra procurando essas coisas, eles continuamente encontravam pequenos tesouros que levavam consigo, embora essas coisas não eram o que eles originalmente procuravam. Esses "incidentes" mais tarde provaram ser mais valiosos do que o que eles queriam no início. Qualquer coisa valiosa que encontramos quase que inesperadamente ao longo do caminho é chamada de serendipismo.

Evangelismo é um serendipismo. Isso só acontece ao longo do caminho com cristãos que estão vivendo o princípio Emanuel. Agora, eu não consigo frear pessoas que estão vindo para Cristo em nossa congregação. Eu não tenho que fazer nada para, diretamente, promover um evangelismo. Simplesmente acontece.

Como as ovelhas geram cordeiros? Eu nunca vi um manual escrito para ovelhas sobre como gerar cordeiros. E mesmo se uma ovelha pudesse ler, isso não lhe traria nenhum benefício. Simplesmente tome uma ovelha sadia no momento certo, e ela terá um cordeiro. Isso acontece naturalmente.

Evangelismo é assim. Quando as pessoas aprendem quem elas são em Cristo e são liberadas para ministrar, elas irão ministrar. Isso é a coisa mais fantástica do mundo.

Capítulo Seis

As Famílias da Força

Há um tempo, o Senhor começou a lidar comigo sobre uma atitude errada que eu tive. Eu hesito em falar "Ele falou comigo" para que você não pense que eu ouço vozes. Quando o Espírito Santo se comunica comigo, é raramente ou nunca verbalmente. Ao invés, eu experimento uma rápida consciência. É como um pressentimento ou impressão, salvo que vem com uma convicção única que marca o ocorrido como não sendo da minha própria invenção.

Tal consciência leva muito mais tempo para se comunicar verbalmente do que originalmente levou para ser entendida. De qualquer forma, neste caso, a impressão avançou para algo assim:

"Jerry, por que você não pastoreia a igreja toda?"

"O que o Senhor quer dizer, Senhor? Eu pensei que estava fazendo um trabalho muito bom."

"Me dá os nomes de 10 crianças da sua igreja, as pequenas abaixo de 6."

Eu dei os nomes das minhas três, e só isso. Eu, de repente, percebi que eu não estava pastoreando as crianças. Eu não sabia o nome delas. Elas me incomodavam. Elas faziam barulho quando eu queria fazer o barulho.

Eu comecei a perceber como nossos adultos se relacionavam com as crianças. Quando havia uma apresentação, seria "Eu sou o Joe e essa é minha esposa, Sue." Frequentemente uma criança estava ali em pé, não apresentada, ignorada.

Eu notei o quão diferente nós tratávamos os adultos. Quando as crianças corriam no templo, agarrávamos elas e dizíamos, "Pare! Tenha reverência." Quando os adultos corriam no templo, assumíamos que havia uma emergência e saíamos da frente. É possível uma criança ter uma emergência? Dois pesos, duas medidas.

Nós estávamos comunicando para as crianças, "Vocês não são importantes. Cristianismo é uma coisa de adulto." Foi essa mesma atitude que levou Jesus a repreender Seus discípulos. Ele disse para eles deixarem os pequeninos virem a Ele. Ele ensinou que a maneira que tratamos nossas crianças reflete em nosso relacionamento com Ele, não importa o que possamos pensar de nosso brilhantismo (veja Mt 18.1-6, 19.13,14).

Eu fiquei com o coração doído quando percebi meu erro. Eu não amava as crianças. Elas eram um verdadeiro pesadelo para mim. Eu comecei a me agachar e falar com elas, olhando nos seus rostos ou pegando-as no meu colo. Comecei a perguntar seus nomes.

Eu preguei uma série de mensagens sobre ofender nossas crianças. A Bíblia diz que seria melhor que uma pedra fosse colocada no seu pescoço e você fosse lançado no mar do que ofender um destes pequeninos. Isso não é incrível?

Eu creio que a igreja de Jesus Cristo, em sua maioria, tem ofendido os pequeninos. É por isso que, frequentemente, não desfrutamos da benção de Deus como poderíamos, pois há uma pedra de moinho em nossos pescoços. Nossa igreja tem experimentado uma nova liberação de vida, alegria, fé, e ministério desde que pedimos a Deus para tirar a pedra do nosso pescoço e nos guardar de ofender nossas crianças.

Veja, crianças maltratadas são hoje, um problema mundial. Pais maltratam suas próprias crianças. Isso é claramente o trabalho de Satanás, que "vem somente para roubar, matar e destruir" (Jo 10.10). Mas há mais do que uma maneira de abusar uma criança. Nós que nunca agrediríamos uma criança devemos tomar cuidado para que, de forma alguma, sejamos participantes do malévolo espírito do maligno contra elas. Ao invés disso, precisamos refletir o amor de Jesus para as crianças.

Nos últimos dois anos o Senhor tem realmente aberto meu coração para as crianças. Imagine uma garotinha, sem um dos dentes da frente. Sally está sentada na frente num culto de domingo pela manhã. Ela vem até mim, segura minha mão, me puxa até a altura dela e diz, "Bom dia, pastor; como vai?"

"Bem", eu digo.

"Eu quero te dar um beijo."

"Tá bom, me dê um beijo."

Ela me beija. Depois eu lhe pergunto como ela está e, "Você ama Jesus?"

"Sim, e eu vou servir Jesus toda a minha vida."

Depois, nós oramos juntos.

Sally não tem pai. Sua mãe se divorciou três vezes, e a garota tem menos que seis anos. Eu não sabia de toda a história em princípio. Ela era apenas mais uma criança na igreja.

Billie veio a mim e disse, "Pastor, quando eu crescer quero ser um pregador como você."

"Sério? Por quê?"

"Porque eu te amo,"

Na nossa igreja, nós não separamos nosso povo por idade o tempo todo. Nós misturamos todo eles. Não vemos as crianças como a igreja de amanhã – elas são a igreja de agora. O louvor é perfeito na boca de uma criança.

O Pai não apenas recebe o louvor das crianças, mas Ele também quer que a igreja ministre para elas, especialmente para os muitos que estão feridos e fragmentados por causa das trágicas separações em seus lares e famílias. Isso é uma ministração que uma "criança" pode precisar mesmo depois que ela crescer.

A Criança Grande

Debbie aos 22 anos ainda continuava, desesperadamente, em necessidade de ser amada por uma família. Seu pai alcoólico e sua mãe se separaram quando ela era pequena. Na quarta série ela não sabia responder a afeição e teve uma úlcera. No sexto ano, ela ficou órfã. Uma avó e um tio cuidaram dela depois disso, mas "nossa família não se interessa muito uns pelos outros", a Debbie disse. "Eu não tinha o sentimento de pertencer a uma família, muito menos de ser uma parte significante de alguém."

Mesmo depois de se tornar cristã, Debbie anelava pelo sentimento de pertencer a uma família normal. E aconteceu. Um casal da East Hill com oito filhos a convidou para morar com eles. O resultado? "Por causa da minha infância, eu não entendia o significado das palavras como amor, perdão, aceitação, dar, confiar, mas Deus, através desta família, tem dado vida a estas palavras. Eu tenho sido totalmente abraçada tanto com minhas fraquezas como com minhas qualidades. Quanto mais então, Deus me aceita e me abraça? Agora eu sei – realmente sei – o significado destas palavras."

Como a Debbie, muitas outras "crianças grandes" precisam de uma experiência de viver numa família normal. Jovens fugitivos e rejeitados, prostitutas, mães solteiras, viúvas maltratadas – mais e mais pessoas sofrem a desvantagem de um pobre sistema familiar. Poucos, como a Debbie, têm sido adotados por saudáveis famílias cristãs. Isso é bom, e nós temos encorajado nosso povo a fazer mais. Uma prioridade ainda maior para mim, entretanto, é o desenvolvimento de relacionamentos familiares saudáveis na igreja. Queremos estar envolvidos em prevenir situações como a de Debbie, não somente tentar curá-las.

Quando o Amor Governa a Casa

O ambiente do lar cristão, como o da igreja, deveria ser de amor, aceitação e perdão. As pessoas precisam dessas três coisas para chegar à inteireza e elas precisam disso em casa tanto quanto na igreja. Nós podemos ter esses três ingredientes, em medida completa em nossas casas, somente quando Jesus Cristo for o Senhor do esposo e da esposa. Eu não estou dizendo isso para menosprezar aqueles que vivem em lares divididos. Eu não quero ninguém desesperado. Mas assim como uma casa não é completa com apenas um pai ou uma mãe, nem tão pouco o amor pode ser completo com apenas um dos pais sendo obedientes a Deus.

Meu propósito é advogar o que Deus desejou que o lar fosse – um lugar onde esposo e esposa estão sob o total Senhorio de Jesus Cristo. Eu tenho que te alertar que se você estiver corrompendo o seu compromisso com o Senhor, se você não estiver no processo de se tornar o que Ele quer que você seja pessoalmente, você está levando o seu lar a um desastre.

As pessoas chegam até nós com casamentos incríveis e com desastres familiares. Elas vêm de todos os estilos de vida, com alta e baixa renda e com tudo o que se possa imaginar. Geralmente o desastre é resultado do esposo ou da esposa ou dos dois, não estarem sob o Senhorio de Jesus. Se Jesus não é o seu Senhor, você deve começar por aí para trazer amor, aceitação e perdão para a sua casa.

"Deus derramou seu amor (ágape) em nossos corações."

Como? "Pelo Espírito Santo" (veja Rm 5.5). Se Jesus Cristo não for o seu Senhor, se o Espírito Santo não estiver enchendo a sua vida, você não tem o amor ágape. Você pode falsificá-lo. Você pode ter amizade e você pode ter um amor emocional, mas assim como você não pode comprar maçãs numa loja de peças de carro, você também não pode obter amor ágape em nenhum lugar fora de Deus. Ele é a fonte exclusiva.

O amor Ágape tem que se tornar a marca de nossas casas. "Esposos, amem suas esposas, assim como Cristo amou a igreja e a si mesmo se entregou por ela" (Ef 5.25). Aqui está novamente, ágape, relacionado com doação. Ágape é sempre um amor doador.

Você sabe o que é um casamento ideal? É o esposo e a esposa doando-se mutuamente o tempo todo. Se os dois estão doando, obviamente ambos estão recebendo também, mas a dinâmica é completamente diferente. Eu sei que um relacionamento está com problema quando um esposo ou esposa me dizem, "Eu não estou recebendo nada deste casamento." Aparentemente o seu cônjuge não está doando nem perto de 100 por cento, e este esposo ou esposa também não tem uma atitude de doar, mas está focado (a) em receber.

Amor doa e doa com a ideia de suprir as necessidades da outra pessoa, emocional, espiritual, assim como fisicamente. Um dos maiores presentes de amor que você pode dar ao seu cônjuge no casamento é uma aceitação total e sem reservas. Veja, embora eu fale de amor, aceitação e perdão como três coisas distintas, elas estão intimamente ligadas.

Acontece como um choque para muitos de nós quando descobrimos depois de tudo, que não nos casamos com um santo. Casamo-nos com um pecador como nós mesmos. Aceitação significa que damos um ao outro, ombro suficiente para viver. Aceitação transmite a ideia: "Você não tem que ser o meu ideal; eu amo você."

Essa é uma verdadeira aceitação sem reservas de você como você é agora, e isso não implica em "Eu aceito você apesar de suas óbvias faltas." Essa ideia é egoísta.

Com muita frequência nós agimos, comunicando que: "Você não é exatamente o que eu gostaria que você fosse." Comparamos aqui, sugerimos ali, manipulamos em outro lugar, enganamos um pouco, brincamos de jogos de recompensa. Por quê? Não somos o Senhor, e ninguém tem que responder a nós, incluindo nossos cônjuges.

Se você tem um esposo ou esposa muito capaz, cuidado para não entrar em competição. Eu era intimidado pela média de notas da minha esposa quando estávamos na faculdade anos atrás. A Bárbara sempre foi disciplinada, fazia seus trabalhos em dia, tirava A nas provas. Eu estava sempre brincando pingue-pongue, softball ou basquete, bebendo Coca-Cola e correndo para cima e para baixo. Eu nunca conseguia entender por que ela tinha uma média melhor que a minha. Eu era intimidado pelas suas notas e intimidado pela sua disciplina.

Amor, Aceitação e Perdão

Anos depois, ela lançou seu programa de rádio *"Touch of Beauty"* (Toque de Beleza). Bem dentro de mim, fui acometido por um medo bem sutil de que ela prosperaria mais do que eu. E com certeza, o que eu temia me sobreveio. Homens chegavam a mim e diziam, "Nós ouvimos a sua esposa todos os dias na rádio." Competição.

Deus me ajudou a perceber que nós não estamos em competição, que nós podemos liberar um ao outro para ser o que Deus quer que cada um de nós sejamos. Agora, enquanto estou escrevendo este livro, o primeiro livro dela, *How to Raise Good Kids*, já foi lançado e está vendendo muito bem. Eu posso honestamente dizer que eu não me sinto ameaçado por esse fato. Eu aceito as qualidades dela agora. Elas não me intimidam mais. Eu também aceito as fraquezas dela e ela faz o mesmo por mim.

Aceite o seu cônjuge; este é o maior presente que você pode dar a ele ou ela. Se você tem dificuldade com isso, talvez seja porque em alguma questão, você não tenha conseguido aceitar a si mesmo. Por sua vez, isso pode ser porque você não está totalmente convencido que Deus te aceita.

Eu vivi muito tempo da minha vida tentando fazer com que Deus me aceitasse.

Eu não gostava muito de mim. Eu era muito baixo. Minhas orelhas eram muito grandes. Minha constituição física não era como eu gostaria.

Eu estava atravessando a rua em Seattle um dia quando o Senhor falou comigo claramente, "Jerry, por que você não para de tentar ser um cristão? Você é. Você é aceito no *Amado*." Eu nem sabia que aquela última frase estava na Bíblia.

Três dias depois, eu estava deitado na cama no quarto que estava alugando perto da faculdade. Abri minha Bíblia em Efésios, capítulo 1, e comecei a ler. Quando cheguei no versículo seis, ele saltou em mim como algo vivo – eu sou "aceito no Amado" (KJV).

Aquela experiência mudou minha vida totalmente. De repente eu não estava mais tentando fazer Deus gostar de mim. Ele sempre gostou de mim. À medida que eu comecei a me aceitar porque Deus me aceitava, eu descobri que me tornei melhor em aceitar as outras pessoas. Então veja, aceitação, como o amor, depende de um relacionamento correto com Deus, o qual inclui exercitar a fé para crer que Deus nos ama e nos aceita em Cristo.

Junto com o amor e a aceitação, o perdão é um dos elementos mais curadores numa casa ou igreja. Ora, o perdão envolve esquecer. Não perdoamos verdadeiramente alguém até que o caso seja encerrado por não retermos mais a pessoa.

As pessoas tendem a reter queixas, e embora elas "perdoem", elas mantêm as coisas numa pequena bolsa para uma recordação instantânea caso necessário. Introduza esse sistema numa casa e ela será totalmente devastada. Ninguém pode viver com uma pessoa que está coletando seus erros num pacotinho e trazendo-os à tona periodicamente, apenas para mostrar que a pessoa não é tão esperta quanto pensa: "pois lembra quando..."

"Lá vem você de novo; eu pensei que isso já estava encerrado."

"Bom, está, mas..."

Quando as pessoas vivem juntas na mesma casa, suas fraquezas vão aparecer. Simplesmente irão. Um relacionamento forte não é aquele que as pessoas não têm fraquezas, mas é aquele que cada um sabe como lidar com as falhas do outro em amor.

Num casamento, as pessoas com frequência entram em pequenas lutas de ego. Algo pequeno – deixar um ancinho no jardim, atrasar-se para um compromisso, não abastecer o carro

– se torna algo grande. Depois isso se torna uma questão de
– "Você está sempre fazendo algo estúpido ou irresponsável."
Generalizamos algo pequeno numa grande acusação e ficamos presos numa luta de ego.

O clássico exemplo é o grande e enorme problema que surge quando ele aperta o tubo do creme dental no meio e ela rola o tubo do final. Tudo o que eles precisariam fazer é comprar dois tubos de creme dental, deixe ele apertar o quanto quiser e ela rolar, para o contentamento do seu coração. Isso resolveria o caso.

Tais conflitos podem ser engraçados de ouvir a respeito, mas eles machucam quando você está envolvido em um. Multiplique a dor por muitas repetições e muitas outras coisinhas e você chegará a duas pessoas que se amam, mas se perderam de si mesmas. Elas não se comunicam mais.

Muitos destes casais só se encontram nos filhos. Esse é o seu único ponto de contato. Quando os filhos vão embora, o esposo e a esposa se separam ou gastam o resto de suas vidas juntos, mas alienados.

Casais podem construir um ambiente no qual eles não se perderão se deixarem que o amor e a aceitação governem seu lar. E se aprenderem algumas coisas sobre perdão. "Suportando uns aos outros e perdoando uns aos outros, se algum tiver queixa contra o outro; assim como Cristo vos perdoou, assim o fazei também" (Cl 3.13). Cristo te perdoou? Então essa é a sua base para perdoar os outros. Como cristão, você não tem desculpa para ser implacável em qualquer relacionamento, especialmente em seu lar. Perdoe.

Eu preciso enfatizar a importância do perdão não apenas como um evento, mas como um ambiente.

"Eu o perdoo por aquilo."

Isso não é bom o suficiente. Você precisa perdoá-lo por qualquer coisa, em todo tempo. As pessoas precisam da segurança de saber que elas podem errar e ainda serão amadas e totalmente perdoadas, com nada preso em suas mentes. Eu estou implorando por um ambiente de perdão em nossos lares, onde as pessoas não têm que ficar na dúvida ou suportar dolorosos interlúdios antes que possam ser perdoadas.

Esse é o tipo de lar que eu preciso. Não que eu tenha a intenção de ofender. Eu não estou pedindo uma licença. Eu não estou pedindo para ser um tirano e ainda ser amado. Eu não quero ser irracional. Eu não quero ser difícil de se conviver. Nenhum homem quer isso, embora pareça que sim.

Às vezes encontro alguém que parece que quer ser difícil de se conviver. Eu penso, *Ele deve estar tentando ser genioso, porque ele certamente está sendo bem-sucedido.* Quando eu chego mais perto dele, encontro uma pessoa frustrada que não entende o porquê do problema e nem porque as pessoas têm dificuldade com ele. Eu também não conheço nenhuma mulher que tenta ser contenciosa. Eu conheço muitas que têm tido sucesso nisso, mas nenhuma que planejou isso dessa forma.

Precisamos construir um ambiente em que os esposos e esposas entendam que seus cônjuges não estão segurando rancores contra eles, nem se lembrando dos erros do passado. Eu preciso saber que quando minha esposa olha para mim, ela não está me analisando através de todas as tolices que eu fiz nos últimos 15 anos. Eu fiz algumas, mas honestamente penso que ela já se esqueceu da maioria delas. Pelo menos, ela me convenceu que já; e isso já é bom. Ela não joga o passado em cima de mim, e eu tento não jogar o passado nela.

Perdão é libertador. Se você não tem um ambiente de perdão, você não pode viver livremente. Você só pode se defender constantemente. Que chance você tem, então? Não terá nenhuma, porque algumas vezes você vai falhar, independentemente de qualquer coisa.

Eu tenho visto esposas e esposos vivendo juntos como se fossem abutres. Ele se empoleirou aqui e ela se empoleirou ali e eles se encontram na arena entre eles. Um está apenas esperando o outro errar, então ele ou ela pode atacar. Você já ouviu dizer que algumas pessoas tendem a viver acima das expectativas que você tem sobre eles? Simplesmente se empoleire, esperando seu cônjuge errar de novo e você, provavelmente, não terá que esperar muito.

"Meu esposo nunca é pontual para nada," uma mulher me disse. "E ele está sempre mal-humorado. Ele também nunca foi capaz de lidar com dinheiro." E ela prosseguiu numa lista de aproximadamente 15 coisas que o esposo dela "sempre" ou "nunca" fez.

Quando ela terminou eu disse, "Você, sem dúvida, tem o esposo mais constante que eu já vi. Vocês estão casados há 24 anos e esse cara tem tomado decisões totalmente erradas o tempo todo – é um grande recorde."

Você entendeu o que eu quis dizer e ela também. O que você está procurando? Você encontrará. Se você estiver procurando um erro, você encontrará, mas um espírito perdoador não procura erros. Quando o erro aparecer, de qualquer forma, é perdoado. Isso pavimenta o caminho para uma convivência contínua. A falta de perdão se torna um portão do outro lado da rodovia da sua vida. Ele se fecha e você não consegue passar para seguir seu caminho. Somente o perdão pode abrir aquele portão.

Se você quiser uma casa boa, construa um ambiente que cultive boas casas. Como que você terá um bom jardim? Arranque o mato e plante boas sementes, não sementes ruins. Se você está plantando sementes de rebelião, ciúmes, suspeita, falta de perdão, críticas, o que você vai cultivar? Você vai colher o que semear.

Para ter uma casa em que o amor reine, plante sementes de amor. Como você faz isso? Sendo uma pessoa amorosa. Você pode ser uma pessoa amorosa quando Jesus Cristo é Senhor da sua vida e o Espírito Santo está derramando o amor de Deus em seu coração.

O que eu estou dizendo sobre esposos e esposas, se aplica para pais e filhos também. Eu conheço pais que são implacáveis com seus filhos. Eles se lembram de todos os erros que seus filhos já cometeram. Pais cujos filhos são adultos e casados me contam sobre os erros que seus filhos cometeram quando ainda moravam com eles. Perdoe seus filhos. Perdoe aquele adolescente.

"Mas ele me feriu."

Perdoe e esqueça. Deixe a ferida curar.

Eu gostaria de injetar em sua casa estas três coisas – amor, aceitação e perdão – mas eu não posso. Tudo o que eu posso fazer é direcioná-lo para Jesus. Ele te ama, te aceita e te perdoa. À medida que você se expõe ao Seu amor, você pode começar a amar. À medida que você perceber Sua aceitação, você pode começar a aceitar os outros. À medida que você experimentar Seu perdão, você pode perdoar.

Quantos dos seus pecados antigos Deus se lembra? Nenhum deles. Não há um histórico seu no céu como um pecador. No que diz respeito a Deus, sua vida começou limpa quando Jesus se tornou seu Senhor. Bendito seja Deus. Isso é forte. Isso é perdão. Ponha isso para funcionar em sua casa.

Aprendendo o Estilo de Vida Cristã em Casa

Eu estou totalmente convencido que muitas igrejas não têm feito um bom trabalho em ensinar a Palavra de Deus para as crianças. Nós temos dado a informação para elas, mas não temos lhes ensinado o estilo de vida. A evidência disso está nos muitos pecadores que conhecem a Bíblia. Eles cresceram em nossas Escolas Dominicais, mas estão vivendo para o diabo. Eles sabem as respostas, mas não seguem o Senhor. Eles têm a informação, mas o estilo de vida – nem pensar.

Um tempo atrás eu decidi que não queria mais instruir pessoas para saírem e se tornarem pecadores com maior conhecimento. Era simplesmente impossível continuar daquela maneira. Eu não sabia como poderíamos melhorar o ensino de estilo de vida, mas começamos a buscar uma maneira. Procuramos por todo o país, em vão, igrejas que tivessem resolvido esse dilema. Algumas estavam até desesperadas, fazendo a mesma pergunta. O que podemos fazer?

Fomos para a Bíblia. Nossa pergunta: que princípios podemos encontrar na Escritura e como podemos implementá-los numa igreja de três ou quatro mil membros? Sabíamos que estávamos diante de missão desafiadora, mas que precisava ser cumprida. A primeira coisa que ficou clara nas Escrituras foi que uma casa é o lugar e pais são as pessoas, quando se trata de prover uma educação cristã. O Antigo Testamento estabelece isso e o Novo Testamento afirma (veja Dt 6.6,7; Ef 6.4).

Nossa mentalidade, como a de muitos outros, tinha sido, "Famílias, deem suporte à Escola Dominical." Começamos a perceber a distorção nisso. A Escola Dominical deveria dar suporte à família. Se a Escola Dominical tivesse que parar por seis semanas para fazer com que as famílias se unissem de novo, deveria ser feito isso.

A Escola Dominical tem sido autorizada a usurpar o lugar da casa como instituição para o treinamento de crianças. Quando ela se mostra insuficiente, nós nos voltamos à Escola Cristã. Isso também não funciona. Esquecemos que as crianças aprendem seus valores e seus estilos de vida em casa. Então a igreja deve focar na família como uma unidade. A família não apenas deve se tornar saudável em seu ambiente, mas eficaz em sua comunicação da verdade cristã.

Com esses princípios em mente, a East Hill desenvolveu e lançou um programa piloto chamado Home Base. Nós ainda não estamos prontos para empacotar e exportar o programa, mas estamos encorajados com o que está acontecendo até agora e já abrimos a Home Base para toda a igreja.

Rick Boes, que coordena o programa, comenta: "Com os programas antigos, os pais conseguiam se sentar e deixar a igreja assumir a responsabilidade de ensinar seus filhos. O Home Base funciona diretamente contra isso, pois os pais são ensinados a ensinar princípios cristãos em casa. Além disso, o Home Base une famílias para compartilhar ideias. Desta forma, famílias fortes podem ajudar as fracas."

Isso também funciona ao contrário, porque todos nós podemos aprender uns dos outros no que se refere à forma de comunicar a verdade cristã no cotidiano familiar.

A introdução do programa Home Base não significa o abandono dos programas tradicionais de educação cristã da igreja. Na verdade, queremos que todos os membros, à cada semana, tenham experiência com a adoração corporativa, experiência com o aprendizado de uma família, e uma experiência com grupos de dois. O Home Base proporciona a experiência de aprendizado familiar.

Primeiro Minha Família

Nós não fazemos apelos para as famílias darem suporte à igreja nem aos seus programas. Ao invés disso, estruturamos a igreja e seus programas para darem suporte à família. Cremos que a unidade familiar é central no plano de Deus.

Ora, não seria muito coerente de nossa parte tomar a posição que acabamos de falar e depois ter os líderes da igreja, sacrificando suas próprias famílias por amor à "obra do Senhor". Se um membro da equipe chega para mim com um problema familiar, eu digo, "O que você precisa? Você precisa de uma folga? Você precisa dar uma volta na praia com a sua esposa? O quê? O que você precisar, iremos te ajudar." Depois eu o mando para casa e lhe digo que eu não quero vê-lo no escritório até que as coisas estejam bem em sua casa.

Pouco tempo atrás um obreiro veio a mim e disse que seus filhos estavam ficando difíceis de controlar, sua esposa estava nervosa, e ele estava preocupado com sua família. Eu lhe perguntei quanto tempo ele achava que precisava e ele disse seis meses. Eu falei para ele parar um ano para ter as coisas sob controle. Se as coisas melhorassem antes disso, tudo bem. Mas ele teria um ano livre de qualquer obrigação. Todos os outros obreiros oraram com ele e o abençoaram. Sinto-me feliz em relatar que tem um ótimo progresso e logo poderá operar efetivamente na posição de liderança novamente.

Minha família é extremamente importante para mim e eu separo as segundas-feiras todas as semanas para estar com eles. Eu nunca estou disponível para nada mais nas segundas, não importa o que seja. Se você vir na minha casa e bater na porta numa segunda-feira, eu não irei te atender. Eu não atendo telefone. Somente minha secretária consegue me achar num número não identificado, e isso somente sob circunstâncias muito extremas.

Eu também separo algumas noites para minha família. Nada viola isso. As pressões dos negócios da igreja nunca têm autorização de invadir. Eu considero isso como um ato de amor não apenas para Deus e para minha família, mas para a congregação. Veja, eu não teria mais ministério se eu perdesse meu lar.

Não é que decidimos enfatizar a família na vida da congregação. Nós não tomamos essa decisão. Deus tomou. Nós estamos simplesmente, tentando ouvi-Lo.

Capítulo Sete

Lidando com as Dificuldades

Você acha que não muda facilmente? Muitas pessoas só mudam debaixo de pressão. Não porque elas querem, mas porque precisam.

Nada na existência humana é um maior catalizador para mudança do que a pressão – geralmente a pressão de alguma dificuldade. Embora, normalmente, façamos tudo o que podemos para evitar situações de pressão. Uma vida sem pressão se tornou quase um deus em nosso mundo.

Se você deseja uma vida livre de pressões, provavelmente também terá uma vida de mediocridade. Pode contar com isso: sem pressão há pouca mudança, e sem mudança, não há crescimento.

Como o dr. James D. Mallory expressou: "As pessoas parecem acreditar que o conflito é inerentemente ruim ou que a vida ideal seria uma vida livre de conflitos. Qualquer pessoa que esteja livre de conflitos, eu suspeito que não esteja experimentando crescimento... As mudanças significantes em nossa vida, acontecem dentro de um quadro de luta." 1

Tiago expressou desta forma: "Meus irmãos, a vida de vocês está cheia de dificuldades e de provações? Então, considerem isto motivo de grande alegria, porque, quando a sua fé é provada, a perseverança de vocês tem uma oportunidade de crescer. Portanto, deixem a perseverança crescer, agindo plenamente em vocês. Porque, quando a perseverança de vocês estiver afinal plenamente crescida, vocês estarão preparados para qualquer coisa, e serão fortes de caráter, íntegros, sem que lhes falte coisa alguma." (Tg 1.2-4 – NBV).

Acolher dificuldades na vida da igreja não é fácil. Porém, em cada dificuldade que surge, se apresenta também, uma oportunidade para crescimento, seja para um membro ou para o Corpo. As dificuldades da igreja são problemas com as pessoas (a resolução do problema deve conduzir a um crescimento pessoal) ou problemas com as práticas (a resolução do problema deve conduzir a um crescimento corporativo).

Os problemas com as pessoas tendem a girar em torno de certas características de personalidade. Vamos considerar alguns exemplos.

O Espírito de Crítica

Nada pode arruinar uma comunhão, tão rápido quanto a disseminação do espírito de crítica. E nada é mais contrário ao amor, à aceitação e ao perdão. As duas atitudes não podem coexistir.

Em 1978 eu estive longe da minha igreja por três semanas para liderar uma conferência de pastores na Nova Zelândia. Quando eu saí de casa, as pessoas da East Hill estavam interessadas em amar umas às outras e serem cheias do Espírito Santo. Eu voltei e as encontrei chateadas, infelizes umas com as outras e se apunhalando.

O ministério feminino havia promovido um desfile de modas. Como parte do desfile de modas, uma das mulheres modelou um biquíni. O jornal da região cobriu o desfile de modas e juntamente com o artigo, publicou uma foto. Imagine – uma foto da garota no biquíni. Alguns dos nossos membros estavam muito chateados com o que virou o evento e estavam atacando a modelo e a mulher responsável pelo desfile de modas.

O biquíni tinha sido apenas uma pequena parte (sem intenção de trocadilho) do desfile de modas, que ocupou apenas uma parte do programa daquela noite. Na verdade, através dos testemunhos e de toda a programação, compareceram por volta de 500 mulheres, muitas delas deram suas vidas para Cristo. O jornal havia apresentado uma nota favorável, parabenizando o desfile como um dos mais finos. E a foto do biquíni foi publicada sem comentário.

Quando tudo isso chegou em minhas mãos, no meu retorno da Nova Zelândia, eu fiquei chateado. Não pelo biquíni. É falsidade ficar chateado com um biquíni num desfile de modas e não com aqueles que são usados em quase todas as piscinas. De qualquer forma, somente mulheres estavam presentes e eu não teria me importado se elas tivessem desfilado com lingerie.

Pude ver uma certa razão para a preocupação com a foto no jornal, mas estava muito mais preocupado com cristãos atacando cristãos, e um espírito de crítica estava substituindo um espírito de amor, aceitação e perdão.

Tive uma reunião particular com a mulher que tinha desfilado de biquíni e com a mulher que organizou o desfile de modas. Eu disse, "Há objeções ao conteúdo, como vocês sabem. Muitas das reclamações vieram dos homens, os quais não estavam presentes. Mas talvez eles tenham uma razão. Talvez vocês tenham que avaliar o seu programa, mantendo em mente, os seus irmãos mais fracos. Mas ninguém está julgando vocês. Eu estou lhes respaldando 100 por cento, e isto é o que eu estou falando para aqueles que vêm a mim."

As mulheres decidiram que iriam renunciar seus direitos e omitir biquínis no futuro; não foi nada demais.

O problema mais sério, a crítica sem amor, me exigiu uma tomada de medidas. Eu trouxe toda a situação em público num culto. Eu falei para o povo que conhecimento (neste caso, conhecimento do que não deveria ser feito e o porquê) incha, mas amor edifica, de acordo com 1Co 8.1. Falei para eles que estavam respondendo àquela situação, abaixo do nível da sua maturidade em Cristo. O amor ganhou o dia, os críticos viram os erros, e a comunhão foi restaurada.

Se a mulher tivesse realmente feito algo errado, mesmo assim eu teria tomado uma atitude contra qualquer crescimento do espírito de crítica. Se algo está errado, nós simplesmente reconhecemos que está errado e oramos para que o diabo não consiga se aproveitar disso como um meio de machucar as pessoas. Nós não instigamos a obra do diabo de fazer ou promover ataques contra as pessoas envolvidas. Nós falamos com eles, lidamos com o assunto, e tratamos as pessoas com amor, aceitação e perdão.

Sete. Lidando com as Dificuldades

Rápido para se Ofender

Algumas vezes as pessoas se ofendem umas com as outras ou se ofendem com o pastor. Essas situações precisam de imediata atenção ou tendem a ficar piores. Frequentemente o problema é de origem espiritual. A Bíblia diz, "Muita paz têm os que amam a tua lei, e para eles não há ofensa" (Sl 119.165). Uma pessoa que é facilmente ofendida aparentemente não ama muito a lei de Deus.

Ofensas não resolvidas tendem a endurecer e formar amargura e se espalhar para outras pessoas. O crente que foi ofendido deve tomar os passos para resolver o problema. Ele deve "seguir a paz com todos e a santificação, sem a qual ninguém verá o Senhor. Tendo cuidado para que ninguém se prive da graça de Deus e que nenhuma raiz de amargura, brotando, vos perturbe, e por ela muitos se contaminem" (Hb 12.14,15).

Em última análise, uma pessoa ofendida deve lidar com o problema porque se ela escolher a ofensa, nenhuma solução imposta e nenhum apelo dos outros poderá modificá-la. As Escrituras dizem, "O irmão ofendido é mais difícil de conquistar do que uma cidade forte; e as contendas são como os ferrolhos de um palácio" (Pv 18.19).

Tudo o que podemos fazer com pessoas ofendidas é um apelo. Tivemos uma situação que ocorreu entre os membros de nossa equipe. Três secretárias ficaram irritadas umas com as outras e o pastor da equipe com quem elas trabalham estava fora da cidade. Então coube a mim, fazer algo. Eu chamei as três no meu escritório e falei para elas que eu estava constrangido de ter que falar com pessoas que tínhamos contratado, sobre aquele tipo de coisa. Eu disse, "Eu não me importo quem está certa ou errada. Eu não quero saber nenhum detalhe. Isso não é uma audiência, então vocês não precisam apresentar seus casos. Eu apenas sei que vocês não estão se relacionando como irmãs em Cristo.

"Eu vou sair da sala. Ainda resta meia hora do dia para vocês resolverem o assunto. Eu quero que vocês saiam daqui amando umas às outras. Eu quero que vocês orem umas pelas outras. Eu quero que vocês se perdoem. Eu quero que cada uma de vocês me liguem hoje à noite e me digam que foi exatamente isso o que fizeram." Depois eu sai e fui jogar golfe.

Todas elas me ligaram naquela noite. Elas acertaram as coisas, e tudo estava bem novamente. Louvado seja Deus! Vamos nos ajudar, uns aos outros, a ver que já somos pessoas maduras para nos deixar sermos levados por esses tipos de bobagens. Vamos manter nossos relacionamentos corretos, e assim o certo e o errado das questões que surgirem irão acabar bem.

Eu poderia ter feito uma audiência, na tentativa de julgar o certo e o errado, mas mesmo se eu tivesse sucesso nisso, aquelas mulheres ainda não teriam se amado. Que bem eu teria feito?

Uma mulher em nossa congregação ficou ofendida comigo porque eu não a visitei no hospital enquanto ela estava doente. Ela ficou internada lá por sete dias e estava reclamando para muitas pessoas que "ninguém" a visitou. Nós checamos e descobrimos que ela teve uma média de quatro pessoas por dia, visitando-a – 28 visitas em sete dias de pessoas da igreja.

Eu liguei para ela e perguntei como estava se sentindo. "Bom, eu estou me sentindo bem... agora", ela disse.

Eu disse, "eu sei que você esteve no hospital".

"Bom", ela disse, "é um pouco tarde".

"Um pouco tarde para quê?"

"Eu estive lá por sete dias, e ninguém foi me visitar."

Eu disse para ela que eu sabia que ela recebeu visitas da igreja todos os dias. "Sim", ela disse, "pessoas da igreja foram, mas você não foi."

Eu disse que sabia disso, mas pensei que todas as outras pessoas que foram visitá-la também tinham o poder de Jesus, e que cada pessoa que entrou no quarto dela representava uma visita de Jesus. Seria possível que ela tivesse perdido todas as visitas Dele porque ela estava presa na personalidade de um homem? Eu queria que ela visse Jesus em seus irmãos e irmãs, mesmo se o pastor fosse lá ou não.

Ela disse que nunca tinha visto daquela forma, mas ela entendeu. E deixou a ofensa.

Debate com Pessoas Cismáticas

"Evita, porém, controvérsias insensatas, genealogias e discussões e contendas acerca da lei, porque são inúteis e vãs, adverte o homem que causa divisões; depois de admoestá-lo uma primeira e segunda vez, rejeita-o, sabendo que esse tal está pervertido e peca, estando já em si mesmo condenado" (Tt 3.9-11).

Não podemos entrar em debate com pessoas cismáticas. Não que não haja espaço para pessoas de boa fé discutirem ou até mesmo discordarem de questões. Mas se uma pessoa está habitualmente "gerando contendas" (veja 2Tm 2.23), causando confusão, semeando discórdia, ela deve ser impedida de continuar.

Você pode identificar uma pessoa cismática pela reação que ela deixa na vida das pessoas. Ela toca uma pessoa e aquela pessoa fica confusa. Ela toca outro e aquele ficou com raiva deste.

Por onde passa, deixa todos os tipos de confusão e contenda. Ela é uma pessoa encrenqueira.

Algumas vezes essas pessoas não têm noção do que estão fazendo. Elas não percebem que efeito estão gerando nas pessoas. É por isso que as Escrituras dizem para admoestá-los primeira e segunda vez. Eu tive que fazer isso ao lidar com uma pessoa cismática. Em nossa segunda conversa, eu disse, "Uma das duas coisas podem acontecer agora: você pode parar com isso, ou você pode ir embora. Você tem que decidir se a sua comunhão neste Corpo tem valor suficiente para você parar o que está fazendo e começar a se relacionar corretamente. Você decide e depois eu te ligo para saber qual foi a sua decisão."

A pessoa para quem eu disse isso respondeu bem. Ele realmente precisava acertar algumas coisas em sua vida. Eu o indiquei para um conselheiro que lidou com alguns problemas com ele, e ele foi curado.

Quando eu ensino, não exijo que todos concordem comigo. Mas exijo que ninguém semeie discórdia no Corpo, fazendo campanha por uma visão oposta.

Vamos supor, por exemplo, que um de nossos professores comece a apresentar alguns pontos de vista que são contrários do que eu estava pregando no púlpito. Aquele professor e eu teríamos uma conversa naquela mesma semana. Se eu detectasse um desejo sincero naquele professor para ensinar a verdade, nós discutiríamos sobre como fazer isso juntos. Eu lhe perguntaria seus pontos de vista e juntos, iríamos buscar um equilíbrio apropriado em nossa pregação e ensino. E estabeleceríamos certas regras, governando nosso relacionamento e, nos comprometeríamos a dar suporte um ao outro. Mas se eu detectasse um espírito de rebelião naquele professor, eu iria confrontar aquilo, pois ele estaria desempenhando o papel de uma pessoa cismática. Veja, a questão é a atitude e a motivação da pessoa. Você não pode trabalhar com uma pessoa que é "pervertida e pecadora" e que não se arrepende.

O Tradicional

Quando os princípios da igreja-como-uma-força são colocados em prática, algumas pessoas ficam desconfortáveis. Elas estão acostumadas com as maneiras antigas e as coisas não parecem estar corretas para elas. Trate essas pessoas com compreensão. Uma coisa é quebrar tradições antigas, outra coisa é quebrar pessoas. Quando sentimos que temos que fazer a primeira, devemos ter cuidado para não fazermos a segunda, no processo.

As pessoas chegam em nossa congregação porque a vida da igreja chama a atenção delas e as atrai. Depois de estar conosco por um tempo, elas começam a olhar ao redor, procurando algumas coisas que estão acostumadas a ver em outras congregações. Uma mulher veio a mim e disse, "Pastor, você tem um programa de visita aqui nesta igreja?"

Eu sabia exatamente o que estava acontecendo. Ela estava começando a olhar ao redor para ver se tínhamos os elementos considerados necessários para uma igreja viva. Eu disse: "Temos, com certeza. Nós temos o que é provavelmente um dos melhores programas de visita de qualquer igreja no mundo."

Ela disse, "Vocês têm? Sério?"

Eu sabia que o próximo passo dela seria tirar da sua bolsa uma lista de nomes de pessoas que a comissão de visitas deveria ligar, então eu fiz uma pausa por um momento.

"Sim, nós temos", eu disse, "é você."

Ela disse, "O quê?"

Eu disse, "É você; você é a comissão de visita."

E por fim ela tinha mesmo a lista de nomes. Eu falei para ela que se as pessoas vieram ao seu coração como necessitando de uma visita, elas eram automaticamente a missão dela.

Quanta movimentação desnecessária nós economizamos quando não canalizamos tudo em uma comissão. Nosso programa de visitas tem a estrutura mais simples do mundo: você vê a necessidade, você supre.

As pessoas só precisam ser instruídas. Se não elas ficam confusas. Elas não entendem e interpretam mal o que elas veem acontecendo ou não acontecendo. Na nossa igreja, um núcleo de pessoas que entendem o que é a igreja-como-uma-força comunica os princípios com as novas pessoas à medida que surge a necessidade. Nós também temos sessões de treinamento para novos membros, e isso ajuda.

Além de todos os tipos de problemas que surgem por causa das dificuldades com as pessoas, todas as igrejas enfrentam problemas devido às dificuldades com as práticas. Uma das mais comuns e mais problemáticas dificuldades está ligada ao papel do pastor.

O que o Pastor tem que fazer?

Eu creio que o pastor precisa focar seu ministério onde a sua força está. Ou seja, ele precisa operar na área dos seus dons e chamado. Muitos homens, ao contrário de Jesus, não fazem todas as coisas bem. Isso causa toda sorte de complicações.

Muitas igrejas jogam uma versão de danças de cadeira com seus pastores. Suponhamos que uma igreja tem um pastor que é bom em aconselhamento pessoal e põe suas energias nisso. O ministério da pregação é negligenciado como resultado.

Sete. Lidando com as Dificuldades

Quando chega a hora de chamar um novo pastor, a pressão é achar um homem que seja forte no púlpito. Efetivamente, o próximo homem prega bem, mas ele não é um bom administrador ou não é bom nos relacionamentos um a um com o povo.

O problema é: como que a igreja pode oferecer um ministério equilibrado para a comunidade com um pastor cujos dons e chamado são limitados?

Se um pastor com habilidades limitadas (e isso se aplica a todos nós) segue a sua especialidade e deixa o outro trabalho necessário sem fazer, a igreja se apresenta com um ministério desequilibrado.

Se ele tentar fazer tudo, o pastor fica frustrado. Até mesmo o trabalho que ele poderia ter feito bem, sofre porque ele está esgotado emocionalmente tentando executar as tarefas que ele não sabe fazer bem.

A única resposta que faz sentido para mim é empregar mais do que uma pessoa para fazer as muitas tarefas que frequentemente ficam para o pastor fazer sozinho.

Eu sei que essa "única resposta" vai parecer não ser uma resposta para as igrejas pequenas que mal conseguem pagar um salário, imagine muitos. Mas eu também já estive lá. Eu tirei pó dos bancos e varri a igreja. Os dons e chamado de um homem podem ser específicos, mas ele ainda pode fazer uma vasta gama de funções. E numa igreja pequena ele praticamente tem que fazer isso. Mas ele deve estar trabalhando o tempo todo para distribuir tudo o que é secundário ao seu chamado pessoal.

Conforme a equipe é acrescentada numa igreja, o alvo deve ser de liberar o pastor para o seu chamado pessoal. Conforme nossa igreja cresceu, eu tive que fazer uma escolha básica. Fui chamado para aconselhar, administrar, comunicar a verdade no ministério de ensino público, ou o quê?

Meu chamado era de ensinar. Então contratamos um conselheiro e um administrador. À medida que eles somaram as qualidades deles com as minhas, as necessidades da igreja eram supridas e cada um de nós estávamos mais felizes e mais eficazes. Um chamado pastoral deve ser sempre mantido em mente ao estabelecer a equipe de trabalho; você não sai simplesmente e contrata um "assistente de pastor".

As igrejas operam melhor e os pastores vivem mais quando o homem se encaixa com a tarefa. Eu posso pregar três vezes num domingo de manhã e não fico nem um pouco cansado. Eu amo ensinar em seminários. Volto para casa mais forte do quando saí depois de ensinar num seminário. Mas me deixe aconselhando por umas poucas horas e eu fico acabado. Isso me deixa exausto. Nós temos um homem que consegue sentar-se em seu escritório sete dias da semana e aconselhar as pessoas. Ele pode ter atendimentos o dia inteiro e sai de lá forte. Ele não entende como que eu consigo pregar várias vezes num dia, e eu não entendo como que ele consegue aconselhar o dia inteiro todos os dias.

Administração é a mesma coisa. Sou impaciente com detalhes. Sonho grandes sonhos, estabeleço direções e tomo decisões importantes. Pode levar uns seis meses para um departamento inteiro trabalhar com todos os detalhes ligados a implementação de uma decisão básica. Eu não consigo lidar com isso. Se eu tivesse que reunir todos os detalhes através de intermináveis reuniões, eu ficaria maluco.

Nosso administrador consegue sair de uma dessas sessões e me dizer, "Uau, tivemos uma ótima reunião."

Eu lhe direi: "Tal coisa não existe!"

Ele sai empolgado; e eu exausto. É por isso que ele é o administrador. Essa é a sua força. Ele ama trabalhar com os detalhes que transformam um sonho numa realidade. Administradores são socorristas e não diretores. Eles recebem a direção e depois fazem acontecer.

Ora, por outro lado, se eu fosse um administrador e o pastor da igreja, buscaria acrescentar membros à equipe na área de ensino Bíblico e aconselhamento. Se eu fosse um conselheiro, eu acrescentaria membros na equipe administrativa e de ensino. Visitas? Eu não vejo isso como uma função de equipe. Nem como um evangelismo. Estes são os ministérios pessoais.

Que Tipo de Prédio Nós Precisamos?

A pergunta que acabamos de considerar, "O que um pastor faz?", foi respondida em parte pelos princípios da igreja-como-uma-força. Ele não tem que fazer o ministério das pessoas para elas.

Os princípios da igreja-como-uma-força podem também lhe dizer muito sobre que tipo de prédio você precisa.

Você já tem o conceito de igreja-como-uma-força claro o suficiente em sua mente para prever o que eu vou dizer como a primeira decisão que você precisa tomar em relação às instalações? É simples. Antes que você possa decidir que tipo de prédio você precisa, você tem que decidir se você precisa de um.

"Ah, mas com certeza a igreja precisa ter um prédio."

Sério? Onde está escrito? Eu tenho estudado a Bíblia intensivamente por anos e ainda não encontrei nem mesmo um projeto para um prédio de igreja, nem nenhuma declaração que nós deveríamos ter um.

Antes que você possa decidir se você precisa ou não de um prédio, deve saber especificamente por que a sua igreja existe.

Qual é o seu ministério específico para a sua comunidade. Você está lá apenas para ser redundante?

O quão bom você será se simplesmente duplicar o que outra igreja já está fazendo na comunidade? Por exemplo, tem outra igreja na sua área sendo bem-sucedida com uma Escola Cristã, desde o jardim de infância até o ensino médio? Por isso não há razão para você se apressar com um programa similar e competidor. Na verdade, há uma boa razão para não fazer tal coisa. Obviamente se o teu chamado for ou não para dirigir uma escola, ele tem uma grande influência sobre o tipo de instalação que você precisa construir.

Não pressuponha automaticamente que você precisa construir qualquer coisa. Talvez sua igreja deva se reunir em casas, numa escola pública, num arsenal, num auditório alugado, na igreja de outra pessoa. O seu projeto de construção mal concebido poderia acabar se tornando um risco, te prendendo a uma situação que lhe impedirá ao invés de lhe ajudar a realizar o que Deus tem em mente para você.

Suponhamos que você tenha que construir. A primeira coisa a ter em mente é que você não está construindo uma igreja, mas um lugar para a igreja se encontrar. A igreja é formada de pessoas, e o prédio deve ser construído de tal forma que sirva as pessoas. Não permita uma inversão disso em que a igreja se torne serva do prédio. Em outras palavras, não deixe o prédio te limitar de fazer o que você quer fazer. Esteja certo de que ele seja funcional e serve todos os seus propósitos.

Já que a igreja é formada de pessoas, projete um prédio centralizado nas pessoas. Quando as pessoas entrarem, elas devem sentir a importância das pessoas, e não serem diminuídas pela estrutura nem superadas por uma cruz enorme, uma janela, um lustre, ou que quer que seja.

Sete. Lidando com as Dificuldades

Os conceitos da igreja-como-uma-força aplicados ao prédio podem economizar muito dinheiro, deletando um monte de coisa extras, desnecessárias e por vezes indesejáveis. Quantas coisas em muitas igrejas estão lá simplesmente porque é uma igreja? Já que a igreja não é o prédio, somos livres de tudo isso.

Quando uma pessoa entra, a primeira coisa que ela deveria ver é outra pessoa. Os olhos dela não deveriam ser atraídos para o teto, para a janela, para o altar, nem para nenhum outro lugar. Ela deveria olhar para alguém que olharia direto para ela, que a receberia com um espírito de amor e aceitação. Então, ela poderia começar a entender desde então o que é igreja.

No culto de adoração, as pessoas precisam se ver por que estão adorando juntas. Elas não vieram como expectadoras para assistirem às performances no altar. Os assentos deveriam ser postos num estilo semicircular para que as pessoas não tivessem que olhar somente por trás das cabeças das outras.

Já que não viemos para assistir um astro, o altar será simples e designado apenas para trazer o pastor mais perto das pessoas. O sistema de som também deve ser apropriado para que as pessoas possam ter a capacidade de participar, do lugar em que estiverem no templo.

Resumindo, se você tiver que construir, gaste o tempo suficiente para determinar os recursos que você precisa para realizar seu ministério. Depois chame profissionais para te falar como executar. Não chame um pedreiro mal informado com uma ideia barata do que uma igreja deveria ser. Chame alguém que saiba o que está fazendo e pode fazer corretamente. Vai valer a pena a longo prazo.

Como uma Igreja Grande permanece Centralizada nas Pessoas?

Antes eu acreditava que uma congregação de mais ou menos 300 pessoas era o ideal. Eu pensava que uma igreja grande possivelmente, não conseguiria suprir as necessidades de seus membros e que sempre que a igreja fosse ameaçada a se tornar muito grande, ela deveria se desmembrar e começar outra. Obviamente eu não penso mais assim. Hoje eu penso que uma igreja de 3.000 não é tão grande, nem tão pouco, uma igreja de 30.000 é tão grande. Eu realmente penso isso, então deixe-me explicar por que penso assim. Quando Pedro pregou no Dia de Pentecoste, 3.000 pessoas se converteram (veja At 2.41). Essas pessoas "se dedicaram aos ensinos dos apóstolos, à comunhão, ao partir do pão e à oração" (vs.42). Em outras palavras, havia mais que 3.000 membros na igreja em Jerusalém no início. Os princípios da vida da igreja foram originalmente formados e são designados para uma congregação de milhares. E é numa igreja de milhares que estes princípios funcionam na plenitude. Este é um conceito que precisamos entender por que muitas vezes temos um bloqueio mental sobre tamanho. Eu tinha uma barreira tremenda na mente a esse respeito. Eu simplesmente não conseguia crer que a vida da igreja pudesse ser aumentada em sua eficácia, em seu prazer e valor para o indivíduo se os números se multiplicassem. Mas eu descobri que pode. Se a vida da igreja sofre em qualidade quando os números aumentam, é porque a igreja não aderiu aos princípios do Novo Testamento – ou aos conceitos de igreja-como-uma-força, se preferir. A igreja-como-uma-força é centralizada nas pessoas. Se a igreja grande permanecer centralizada nas pessoas, ela crescerá em eficácia junto com seu tamanho. Se ela parar de ser centralizada em pessoas, ela começará a morrer por dentro.

Sete. Lidando com as Dificuldades

O grande perigo que confronta uma igreja em crescimento é o institucionalismo. As organizações estão sempre tentando usurpar o lugar das pessoas, para ministrar por um comitê, para estruturar, canalizar, controlar, direcionar e engolir as pessoas. O institucionalismo é tão sutil e tão disseminado que se infiltra sem que percebamos. Se não estivermos vigilantes, a instituição continuará a inchar e as pessoas começarão a murchar, no que diz respeito à vida da igreja.

Uma razão pela qual nós somos sugados pelo institucionalismo é que queremos predictabilidade. Instituições são seguras. Elas são controláveis. Elas são as mesmas hoje que eram ontem. Nós sabemos onde ligar e sabemos onde desligar. Nós gostamos desse tipo de segurança. Mas isso é mortal quando ficamos presos numa máquina e esquecemos a igreja de Deus é primeiro, por último, e para sempre formada de pessoas. As igrejas não existem por causa da máquina. Elas não são uma engrenagem dentro de "algo maior e mais importante do que indivíduos."

A East Hill tem um ministério benevolente. Damos alimento e roupa para as pessoas em necessidade. Como parte disso, dirigimos uma fazenda comunitária de 17 acres. Nosso povo delimitou em hectares, plantou hortas, e dali suprimos vários órgãos sociais com alimento. Centenas de quilos de batatas assim como outros legumes foram fornecidos desta forma. Foi lindo.

O homem que coordenou tudo isso veio para uma de nossas reuniões de conselho para requisitar uma duplicação de fundos para o programa. Sua requisição era legítima; ele apresentou como os fundos seriam usados. Por algum motivo algo não parecia certo para mim. Eu senti uma hesitação interna e disse, "Espere, algo não está certo aqui; vamos adiar isso por um tempo e pensar a respeito."

O que estava errado? Somente uma coisa; nós estávamos começando a institucionalizar. Estávamos tornando tudo centralizado para que qualquer pessoa que tivesse bens para dar colocaria num único lugar. E então aqueles que tivessem necessidade eram direcionados àquele lugar. Estávamos treinando nosso povo a dizer para a pessoa necessitada, "Vá ao escritório de benevolência; eles cuidarão de você." Isso substituiria, "ah, você precisa de ajuda; eu gostaria de fazer alguma coisa. Nós temos um alimento extra. Eu tenho roupas para os seus filhos, roupas que ficaram pequenas para os meus filhos."

Estávamos tirando o ministério das pessoas, centralizando e institucionalizando-o. E estava acontecendo sem que percebêssemos. Estávamos agindo com as melhores motivações. Nós indeferimos o aumento do orçamento. Na verdade, cortamos o programa inteiro. Eu me dirigi à congregação, contei o que houve e lhes disse, "Agora, vocês são o departamento de benevolência da igreja. É a vossa responsabilidade organizar suas vidas para que tenham recursos disponíveis para suprir as necessidades das pessoas."

Verdade, nossos membros não terão abatimento no imposto de renda, fazendo dessa forma. Isso não será apresentado nos seus registros de dízimos. E daí? É o que nós damos em secreto, sem pensar em galardão ou reconhecimento, que mais agrada a Deus.

Dificuldades – elas nunca param de chegar. Por natureza, elas não são divertidas. Mas, elas também não precisam nos incomodar excessivamente. Não temos que nos tornar cínicos, queixosos, murmuradores, coitadinhos, e perguntando com lamento, "O que vai acontecer agora?"

Se tivermos uma sólida base filosófica nos princípios da igreja-como-uma-força, poderemos lidar com as dificuldades e sairmos mais fortes no processo.

Capítulo Oito

A Igreja como Serva

Uma rádio especializada em rock ofereceu às igrejas da região uma oportunidade de apresentar um programa diário de cinco minutos. Os pastores poderiam pregar se achassem oportuno, mas não poderiam promover suas igrejas nem dar o nome da igreja ou endereço. Nenhum pastor respondeu àquela oportunidade. Porém três deles compraram tempo numa outra estação para que eles pudessem ser livres para promover suas próprias igrejas.

Servindo a Cristo

Eu não entendo a mentalidade de cristãos que sentem que os interesses de suas igrejas devem ser servidos em tudo o que fizerem, e que não servem ao Senhor Jesus Cristo a não ser que possam usar isso de alguma forma para puxar pessoas para a sua congregação.

Eu ouvi umas pessoas falando num seminário. Uma disse, "Sabe, eu morei ao lado desse vizinho por anos. Eu falava com ele, testemunhava para ele, convidava-o para os cultos, falava de Jesus para ele. Quando finalmente ele começou a ir para a igreja, onde você acha que ele foi? Para uma igreja Batista no final da rua!"

Eu disse, "Louvado seja Deus!"

Ele disse, "Louvado seja Deus? Eu fiz todo o trabalho." Ele sentiu que seu trabalho foi perdido porque o vizinho foi para uma outra igreja.

Outros têm dito, com tom de lamento e rostos tristes, "Que pena que perdemos aquela família para a igreja do final da rua." Isso não é uma tragédia. Se a minha filha mudar de um quarto para outro em nossa casa, eu a considero perdida para a família? Deixe as pessoas entrarem no "quarto" onde elas pertencem, se estabelecerem lá e crescerem. O nome que está na porta não importa muito. O que importa é que aquela pessoa esteja alimentada espiritualmente e depois liberada de volta para a comunidade para suprir as necessidades das pessoas em nome de Jesus.

A East Hill é capaz de suprir as necessidades de vários tipos de pessoas. É por isso que elas vêm. Mas não somos certos para todos. Nós não somos a única legítima congregação de crentes na região. Se alguém escolhe frequentar outra igreja, se sente em casa e cresce na fé lá, eu digo louvado seja o Senhor.

Temos que servir Jesus Cristo, e não nós mesmos. A igreja que é uma força para Deus não fica para baixo e para cima calculando o que ela tem a ganhar sempre que surge uma oportunidade de servir a Cristo. Ela está muito ocupada respondendo as oportunidades.

Oito. A Igreja como Serva

Servindo como Cristo serviu

Os princípios da igreja como serva vão mais profundo do que eu sugeri até então. Jesus disse, "Porque o Filho do homem também não veio para ser servido, mas para servir e dar a sua vida em resgate de muitos" (Mc 10.45). Grande parte da igreja tem falhado no princípio básico por trás dessas palavras. Mesmo onde as palavras se tornam familiares, mesmo onde elas são frequentemente citadas, elas são geralmente aplicadas somente para os relacionamentos entre cristãos. Perdemos a verdade que a igreja tem que ocupar o papel de serva no mundo, como Jesus fez, servindo não apenas a irmandade, mas a todos. Paulo escreveu, "De sorte que, enquanto temos tempo, façamos o bem *a todos*, mas principalmente aos domésticos da fé" (Gl 6.10, itálico adicionado).

Para dizer que a igreja está no mundo como serva, é também dizer que estamos aqui para dar, e não para receber. Nós estamos aqui para dar sem segundas intenções; para ajudar as pessoas porque elas têm uma necessidade e nós temos os recursos, não porque esperamos ganhar algo.

Um Lugar para ser Curado

Um dos melhores serviços que uma igreja pode oferecer a uma comunidade é prover um lugar para as pessoas serem conduzidas à inteireza – serem curadas fisicamente, espiritualmente e emocionalmente. Um lugar onde as pessoas são amadas, aceitas e perdoadas.

As pessoas estão cansadas. Elas estão destruídas. A vida não tem cooperado com elas porque elas estão sem Jesus. Elas não precisam de mais programas e mais atividades. Elas simplesmente precisam de um lugar para serem curadas. O lugar não precisa ser luxuoso. O ambiente físico não precisa impressionar. As pessoas não precisam ser super espirituais. Elas simplesmente precisam ser verdadeiras, amáveis, acolhedoras e perdoadoras.

A Ingrid era uma garota no ensino médio, que havia enlouquecido, sob efeito de ácido. Quando ela estava no ginásio, dizia que já tinha estado em 500 "viagens". Ela era nervosa, rebelde e alienada. Ela não tinha nenhuma formação ou treinamento cristão. Ela tinha sido expulsa de todas as classes pelos seus professores na Gresham High.

A Ingrid veio pela primeira vez na East Hill com um amigo que fingiu seguir o Senhor, mas logo desistiu. A Ingrid ficava em pé num canto, vestindo uma jaqueta rasgada e amarrotada, com cheiro de lixo, e emanando hostilidade.

Após ter ficado por ali daquele jeito por um tempo, ela começou a ir ao meu escritório para me ver. Suas visitas eram algo que eu nunca havia experimentado antes. Ela simplesmente se sentava no chão e olhava para mim, o que parecia uma eternidade e na verdade era talvez 10 ou 15 minutos. Depois ela se levantava e saía sem ter dito uma palavra.

Isso continuou por muitos dias seguidos. Havia uma batida na porta, e lá entrava a Ingrid para sentar e me observar. Eu conversaria com ela, mas não teria resposta, então apenas prosseguia com meu trabalho. Depois de um tempo ela levantava e saía. Eu senti que algo estava acontecendo na vida dela, mas eu certamente não sabia o que.

Então um dia, no meio daquelas sessões de silêncio, eu olhei para a Ingrid e ela estava chorando silenciosamente, Eu disse, "Você quer falar?"

Ela disse, "Eu preciso receber Jesus", e colocou para fora todo o lixo da sua vida.

A Ingrid recebeu Jesus, e isso foi um caminho difícil para ela por um tempo. Ela saiu das drogas e Deus começou a restaurar a sua mente. Ela procurou um por um de seus professores da Escola, pediu perdão e pediu para regressar às suas aulas.

O seu conselheiro na escola me ligou e disse, "Eu não sei o que aconteceu com a Ingrid, mas ela é uma garota completamente diferente."

Tivemos que ajudar a Ingrid lidar com algumas coisas. Ela tinha um pai alcoólico que batia nela por vir aos cultos na igreja. Sua mãe era extremamente neurótica. Foi um dia especial quando a "Ink" se formou com uma média alta. Ela me deu a franja do seu chapéu e eu guardo até hoje.

Entretanto, à medida que Deus a conduzia à inteireza, a Ink começou a ter uma compaixão por outros adolescentes com problema. Ela começou a se familiarizar com oficiais e capelães do sistema penitenciário e eventualmente conseguiu um emprego de conselheira em uma das instituições do estado. Ela compartilhou a sua compaixão com outros no Corpo, e como resultado, temos agora equipes indo todas as semanas para cada instituição penitenciária no Oeste de Oregon, com 40 a 50 pessoas de nossa congregação, ativamente envolvidas.

A Ink agora é casada, tem um filho, e ela e seu esposo se dedicaram a ajudar jovens problemáticos.

Outras Formas de Servir

Proporcionamos um lugar onde as pessoas feridas podem ser curadas – queremos que isso sempre seja o nosso principal serviço para a comunidade. Isso não significa que não iremos servir de outras formas.

Quando Jesus alimentou os 5.000, Ele não os fez prometer que iriam frequentar seus cultos de pregação como uma condição para receber ajuda. Ele não extraiu uma declaração doutrinária das pessoas antes de curá-las. Nem tão pouco foi até elas depois e disse: "Vocês me devem essa." Ele queria que elas cressem Nele. Ele queria que elas fossem salvas. Ele queria que elas respondessem. Mas Ele as curou porque estavam doentes; é claro que Ele sabia que algumas delas nunca iriam crer Nele como Salvador.

Eu percebo que quando Jesus alimentou os 5.000, Ele estava cumprindo uma profecia e dando a evidência que Ele era o Messias. Ele era o Pão do céu que havia sido prometido, prefigurado em Moisés e no maná que alimentou a multidão no deserto. Eu sei que quando Ele curou o homem paralítico no tanque de Betesda, Ele estava dando um "sinal" de Sua deidade e deixou uma multidão de outros enfermos ali, sem tocar. Seu ministério era primariamente espiritual e Seu Reino não era desse mundo.

Isso significa que Ele estava meramente usando as pessoas? Que quando Ele operava um milagre, Ele não estava nem aí com o sofrimento do indivíduo, mas somente que uma mensagem espiritual fosse transmitida ou que suas afirmações messiânicas fossem autenticadas?

Pensar numa coisa dessa distorce não apenas o caráter do nosso Senhor Jesus como também a Palavra de Deus. Eu me pergunto se essa pode ser a razão das Escrituras registrarem não apenas um, mas dois incidentes distintos de Jesus alimentando as multidões.

Veja, o relato de João do alimento para os 5.000 claramente foca em Jesus, cumprindo a profecia Mosaica (veja Jo 6.14,30-51). Mas no relato de Marcos, o alimento para os 4.000 foi claramente focado na compaixão de Jesus pelo povo (veja Mc

8.1-3). Jesus era interessado tanto em Sua mensagem divina como na necessidade humana.

A igreja está no mundo hoje como o Corpo de Cristo para continuar a obra que Ele começou. Sendo assim, nós temos que testemunhar da Sua natureza divina e missão, e temos também que mostrar compaixão para as pessoas em necessidade. Por que sempre nos deixamos levar pela ideia que temos que nos ocupar com apenas um ou outro desses ministérios? Por que não podemos exercer os dois?

Cremos que a igreja deve servir a comunidade. Jesus disse, "Se amardes os que vos amam, que recompensa tereis? Porque também os pecadores amam os que os amam. Se fizerdes o bem aos que vos fazem o bem, que recompensa tereis? Porque também os pecadores fazem o mesmo. Se emprestardes àqueles de quem esperais receber, que recompensa tereis? Porque também os pecadores emprestam aos pecadores, para receberem outro tanto. Amai, pois, os vossos inimigos, fazei o bem e emprestai sem nada esperardes em troca; então será grande o vosso galardão, e sereis filhos do Altíssimo. Pois ele é benigno até para com os ingratos e maus" (Lc 6.32-35).

"Sem nada esperardes em troca." Essas são palavras-chave. A Versão King James coloca assim, "sem nada esperardes de volta."

Veja, somos o povo de Deus. Isso significa que não dependemos deste sistema de mundo. Podemos usar alguns de seus veículos, mas não somos presos neles. Não precisamos de sua aprovação nem de seu apoio. Deus provê para nós, e nós somos livres para dar, "sem nada esperar" em troca.

Jesus disse, "De graça recebestes, de graça dai" (Mt 10.8). Este é o espírito que a igreja deve servir o mundo. É verdade que Jesus também ensinou que aqueles que doam receberão abundantemente, mas nós não podemos permitir que isso comprometa a pureza de nossas motivações em dar. Se damos, receberemos, mas não damos para receber – não se obedecermos a Jesus. Não, nós damos para dar.

Ajudando a Escola Pública

Entre os cristãos nestes dias há uma grande preocupação com a qualidade da educação e o clima moral nas nossas escolas públicas, e com razão. Escolas Particulares Cristãs têm sido promovidas como uma solução para o problema, e pode ser uma alternativa. Entretanto, essa solução não faz nada para ajudar a escola pública. Pelo contrário, removendo os cristãos tendemos a abandonar o sistema da escola pública à ruína.

À medida que começamos a estudar esse assunto, descobrimos que a média da família americana com três filhos está envolvida com a educação primária e secundária, por um período de aproximadamente 20 anos. Esse é o espaço de tempo do dia em que o mais velho entrou na escola até que o mais novo se forma. Isso dá tempo para um envolvimento profundo.

Também descobrimos que em qualquer sistema de escola pública, os pais podem participar nos comitês curriculares, nos conselhos escolares, nos comitês consultivos e nas associações de pais e mestres. Na verdade, muitas escolas públicas estão clamando pelo envolvimento dos pais e obtendo muito pouco retorno.

Descobrimos que poucos de nosso povo sabiam o nome completo do professor de seus filhos. E menos ainda sabiam o nome do diretor. Não conseguimos encontrar ninguém que soubesse o nome do superintendente. Poucos sabiam alguma coisa sobre o conselho escolar, e nenhum deles havia servido no conselho escolar. Você tem uma noção? Aqui estamos clamando pela escola pública, mas realmente nos comportando de maneira irresponsável, não fazendo nada para melhorar a situação.

Decidimos dar o primeiro passo e simplesmente reunir os pais, as crianças, e os oficiais da escola uma vez. Aprendemos muitas coisas interessantes: (1) o pessoal da escola queria conversar com os pais, mas não tinha encontrado formas adequadas para fazer isso; (2) os pais queriam conversar com o pessoal da escola, mas tinham medo ou não sabiam como; (3) as crianças queriam que seus pais fossem envolvidos na sua educação e que conhecessem seus professores. As crianças se sentiam totalmente segmentadas; elas tinham uma vida em casa e outra na escola, e as duas nunca se encontravam.

Nosso primeiro workshop pais-escola despertou tanto interesse que o estado enviou uma delegação para observar se o que eles tinham ouvido estava realmente acontecendo. Eles expressaram que nenhuma igreja nunca havia assumido um projeto como este antes e que eles estavam impressionados.

Professores cristãos começaram a sair da obscuridade. Na verdade, descobrimos muitos cristãos estrategicamente posicionados no sistema escolar. Com pais cristãos envolvidos e cristãos trabalhando no sistema, por que entregar o negócio todo para o diabo?

Não quer dizer que agora queremos participar do sistema escolar num sentido manipulativo. Nós não queremos dominar nada. Nós queremos servir a comunidade, ajudando a tornar a escola pública mais próxima do que ela deveria ser.

Muitos desses workshops foram conduzidos na nossa igreja. Nós reunimos os pais, crianças e professores por faixas etárias. Isso deu a eles oportunidade de conhecer e de entender uns aos outros, melhor. Os pais aprenderam como o sistema funciona para que possam ser envolvidos diretamente se o Senhor os conduzir desta forma.

Falamos para os professores e administradores, "Nós somos cristãos. Queremos saber como podemos, com inteligência e entendimento, proporcionar o tipo de contribuição que sentimos que seja necessária na formação do programa educacional. Somos parte da comunidade, e queremos ser uma parte responsável."

Através desta interação, ajudamos a preparar cristãos legais e lúcidos que, quando uma questão moral surgir, não agarrarão suas Bíblias e começarão a bater nas pessoas, mas que de forma inteligente responderão, "Como pai, esta é a minha visão... eu tenho direito de ter essa visão, pois eu sou representante de uma parte da comunidade."

Tal voz é também tão raramente ouvida. Frequentemente somos tão hipócritas em nossas reações que não servimos bem a causa da verdadeira justiça.

Melhores Casas e Jardins

Uma casa nas montanhas a oeste de Portland pegou fogo, e o homem que morava lá perdeu tudo. Ele pensou que tivesse seguro, mas por algum descuido, ele não tinha, e ficou arrasado financeiramente.

Os membros de uma igreja próxima, muitos deles eram carpinteiros e pedreiros, fizeram uma vaquinha, levantaram ofertas, ofereceram mão de obra, e reconstruíram a casa, sem que um centavo saísse do bolso dele. Eles fizeram isso simplesmente porque sentiram que o Senhor queria que eles fizessem. O homem nem era membro da igreja deles. Totalmente impressionado com tamanha demonstração de bondade, o homem foi solidamente convertido a Cristo. As pessoas que o ajudaram, não tinham ajudado porque planejaram convertê-lo daquela forma. Elas o ajudaram porque ele tinha uma necessidade e elas eram capazes de suprir aquela necessidade. O impacto no bairro foi profundo. As pessoas ainda passam de carro na frente para ver a "casa que os cristãos reconstruíram."

Alguns dos homens de nossa igreja ajudaram uma mulher numa situação bem parecida. Ela fez um contrato para uma reforma em sua casa. O pedreiro pegou o dinheiro dela, mas não terminou o trabalho, deixando um lado inteiro da sua casa exposto ao tempo.

A mulher havia considerado ir ao tribunal para processar o pedreiro. Nossos homens disseram, "a senhora vai passar muito frio se esperar uma ação da justiça para resolver isso. Por outro lado, se a senhora arrumar a sua casa, não precisará ir ao tribunal. Então, vamos fazer desta forma. Nós faremos o trabalho e a senhora pode esquecer o processo."

Eles não apenas a protegeram do tempo. Eles concluíram a reforma da casa que ficou linda. O resultado: não somente a grata mulher foi socorrida do seu dilema, mas o pedreiro foi deixado coçando a cabeça e tentando descobrir que tipo de pessoas esses cristãos eram.

A Bíblia diz que o crente tem que "trabalhar, fazendo com as mãos o que é bom, para que tenha o que repartir com o que tiver necessidade" (Ef 4.28).

"para que tenha... para repartir." Não esqueça da parte de repartir. Nós ouvimos muitos ensinos nestes dias sobre prosperidade. Alguns deles nos dão a impressão que se você não estiver dirigindo um Cadillac ou um Lincoln, algo deve estar errado com a sua fé. Eu creio que Deus prospera Seu povo, mas o propósito não é nos tornar extravagantes, mas nos fazer capazes de ministrar.

Eu fui às regiões montanhosas de Nova Guiné, onde as pessoas vivem em grande miséria. Um dia meu anfitrião me levou para andar um pouco e disse, "Dá uma olhada nas hortas dos cristãos". Eu olhei e, sem dúvida, as hortas dos cristãos estavam produzindo mais do que as dos incrédulos. "Nós oramos pelas nossas plantações", meu anfitrião explicou. "Nós queremos cultivar alimento suficiente para compartilhar com nossos vizinhos que não sabem orar pela benção de Deus em seus jardins como nós fazemos."

Eu aprendi algo sobre prosperidade naquele dia, através das pessoas mais pobres do mundo. Eu vi claramente o quão enganoso é se sentir superior aos outros, simplesmente porque alguém tem mais dos bens deste mundo. O que eu estou fazendo com meus recursos diz infinitamente mais sobre minha condição espiritual do que o fato que eu as tenho.

Uma Criança Viverá

Eu falei anteriormente como o Senhor lidou comigo sobre minha atitude com as crianças de nossa congregação. Aquilo foi bom, era o início. Mas e as crianças da nossa nação e das outras nações que não têm ninguém para amá-las?

À medida que aquela pergunta queimava em nossos corações, eu e a Barbara fomos dirigidos a adotar uma órfã da Índia para ser nossa quarta filha e morar em nossa casa. Através da abertura da nossa casa e de nossos corações daquela maneira, muitas outras pessoas na congregação foram encorajadas para fazer o mesmo. Eu não fui evangelístico sobre isso. Eu não preguei para as pessoas que elas tinham que fazer isso. Eu na verdade, não creio que toda família que tem condições, financeiramente, deveria adotar uma criança. Nossa atitude foi algo muito específico para nós, uma resposta em compaixão às necessidades de uma criança sofredora.

Como Deus conduziu outros membros da nossa congregação a alcançar crianças necessitadas, nós as vimos, vindo para nossa família da igreja em números crescentes. Hoje eu diria que há centenas de crianças adotadas em nossa congregação. Algumas pessoas adotaram famílias inteiras de crianças. Uma família tem 13 crianças adotadas, todas elas na categoria "de difícil colocação" devido aos defeitos físicos.

Uma dessas crianças, também da Índia, foi abandonada por sua mãe numa lata de lixo quando ele tinha cinco anos.

A mãe, aparentemente, contava que ele iria chorar alto o suficiente para que alguém o resgatasse. Ele foi encontrado e levado para um orfanato, mas não antes de ter estado lá por tanto tempo, ao ponto quase de morrer, e sua irmã, na mesma lata de lixo, estava morta.

Me perguntaram: "que direito você tem de arbitrariamente escolher uma criança, dentre tantas que são também necessitadas, e dar àquela criança todos os benefícios de sua casa enquanto você não faz nada pelas outras?"

Eu realmente não sei responder essa pergunta, a não ser admitindo a injustiça disso e pontuando nossa necessidade de viver redentivamente num mundo injusto. Eu sei que o fato de tomarmos uma criança não significará muito para as outras que estão deixadas no sofrimento. Mas será algo tremendo para aquele menininho.

Veja, eu não consigo fazer justiça neste mundo. Eu não tenho os recursos, nem a sabedoria necessária. Eu poderia me colocar debaixo de grande condenação porque eu como bem, enquanto crianças estão morrendo de fome. Mas que bem isso faria? Mesmo se eu reduzir minha família a um mero nível de sobrevivência, o problema da miséria mundial continuaria praticamente intocável.

Entretanto, não é porque eu não posso viver justamente no mundo, que eu não devo fazer nada, ou que deva ignorar a necessidade humana e usufruir de todos os meus recursos comigo mesmo.

Não, eu tenho que viver redentivamente. Eu posso tocar essa pessoa aqui e a outra ali, e fazer toda a diferença no mundo daquela pessoa.

É isso que Jesus fez quando Ele estava entre nós em carne. Ele não trouxe o Reino no sentido de exterminar com a fome, enfermidade e injustiça. Essa condição gloriosa ainda vai chegar. O que ele fez foi tocar um homem impotente aqui e alimentar uma multidão faminta ali – e perdoar o marginal num outro lugar. Ele viveu redentivamente.

Eu ainda era um garoto na faculdade quando tive contato pela primeira vez com uma verdadeira miséria. Foi na reserva Navajo, no Sudoeste dos Estados Unidos. Na reserva específica que eu visitei, 75 por cento das crianças tinha tuberculose ou contrairia na idade de 15 anos. Muitos deles morreriam antes de atingir a idade de 20 anos. Poucos, algum dia sairiam da reserva.

Eu me recordo indo para aquela situação e vendo jovens e crianças por todo lado – e cachorros. Os jovens estavam sujos e com fome e eu apenas queria colocar meus braços ao redor de todos eles.

O que você faz numa situação como esta?

Eu peguei uma garotinha no colo e lhe dei um abraço. Eu não podia abraçar todos. Eu me aproximei de uma. Eu mostrei compaixão onde eu não pude trazer justiça e libertação completa.

É neste lugar que estamos no mundo hoje. Enfrentamos necessidades tremendas. Não podemos retificar todos os erros, tirar todos os pesos, curar todos os enfermos, defender todos os oprimidos. Mas podemos parar e limpar as feridas daquele que encontramos no caminho, ao invés de passar de largo. Sim, e nós podemos ir fora do nosso caminho, conforme o Espírito Santo nos guiar para dar um toque redentivo em alguém.

Terminando com uma Vírgula

Eu falei para várias pessoas que este livro não acabará com um ponto final. Eu não posso terminá-lo com um ponto, porque ele é uma declaração incompleta. Eu não dei a palavra final sobre a igreja-como-uma-força. Eu ainda estou aprendendo e seguindo o que o Senhor tem a dizer sobre viver para Ele como um corpo de crentes neste planeta.

Sem dúvida que o Senhor tem coisas para me ensinar que eu ainda nem sequer me apercebi. Até mesmo agora Ele está nos falando coisas novas sobre aprender o estilo de vida cristão, e sobre o uso dos recursos. Então, este não é o fim da história. Isto é, todavia, um lugar para parar, o lugar para escrever a "vírgula" final.